42

DAS ANDERE

POEMAS, SOLILÓQUIOS E SONETOS

DAS ANDERE

Edna St. VINCENT Millay
Poemas, solilóquios e sonetos

© Editora Âyiné, 2022
Todos os direitos reservados

Organização e tradução: Bruna Beber
Edição: Maria Emília Bender
Preparação: Sofia Nestrovski
Revisão: Andrea Stahel, Sofia Mariutti
Imagem de capa: Julia Geiser
Projeto gráfico: Luísa Rabello
Produção gráfica: Clarice G Lacerda

ISBN 978-65-5998-041-3

Âyiné

Direção editorial: Pedro Fonseca
Coordenação editorial: Luísa Rabello
Coordenação de comunicação: Clara Dias
Assistente de comunicação: Ana Carolina Romero
Assistente de design: Lila Bittencourt
Conselho editorial: Simone Cristoforetti,
Zuane Fabbris, Lucas Mendes

Praça Carlos Chagas, 49 – 2º andar
30170-140 Belo Horizonte, MG
+55 31 3291-4164
www.ayine.com.br | info@ayine.com.br

Edna St. VINCENT Millay

POEMAS, SOLILÓQUIOS E SONETOS

ORGANIZAÇÃO E TRADUÇÃO
Bruna Beber

Âyiné

Sumário

Lira de amor e morte
Bruna Beber   9

Poemas, solilóquios e sonetos   13

Posfácio
Prisca Agustoni   251

Bibliografia   261

Índice   263

Lira de amor e morte

Vincent — como gostava de ser chamada — medrou do Natal de 2005. Deitada no sofá-cama, ouvidos num Aiwa 3x1 conectado ao computador, eu a recebi como o terceiro espírito do conto *A Christmas Carol*, de Charles Dickens, de 1843. Seu porta-voz, Johnny Cash, soprava do Arkansas para os natais futuros, num disco de canções natalinas chamado *The Christmas Spirit*, de 1963. Na era do Soulseek, entranhávamos na discografia completa dos artistas, muitas vezes ripada do vinil em versões mono, com encarte e ficha técnica. Possibilitava-se o luxo de ouvir, em noites felizes, até mesmo suas bolachas maçudas. No entanto a faixa doze trazia o último esforço da alegria.

Era um repente monumental chamado «The Ballad of The Harp-weaver», em que Cash se acompanhava por sua moda de viola banjada em cordel, a dizer os versos de uma poeta — Edna St. Vincent Millay, dizia o encarte — Pulitzer de poesia de 1923. Analisando os títulos do livro e do disco, Cash surrupiara de Dickens o «spirit» (espírito); Dickens já havia prescrito «carol» (canção natalina) à Cash oito décadas antes; mas foi Vincent, com seu fraseado de Deusa da Lua Nova — Circe dos ciclos de meditação e magia — quem lavrou o encantamento: (...) *Um vento com cara de cão/ Ladrou nossa moradia,/ Furiamos as cadeiras/ E na soleira ele zumbia.* (...).

Até então traduzida dispersamente por Jorge Wanderley, Carlos Drummond de Andrade, Paulo Mendes Campos — e a despeito de tantos anos terminados em três — chega ao país de 2022 a primeira antologia brasileira de Vincent, de cuja lira ressoa o romantismo extemporâneo mas vigoroso do grão da vida: amor e morte. Acolho seus cinco primeiros livros — *Renascimento e outros poemas* (1917), *Figos de espinhos: poemas e quatro sonetos* (1920), *Abril Serial* (1921), *A balada da tecelã das harpas e outros poemas* (1923) e *O cervo sob a neve* (1928) — reunindo dísticos, poemas, solilóquios, sonetos e cantos, estes de *O sino e a lamparina – Drama em Cinco Atos*, uma das sete peças em versos de sua autoria, escrita por volta de 1911.

Os critérios de seleção adotados balizam as composições ditas fundamentais de sua obra, comentadas e reverenciadas, no espaço de um século, por admiradores e pela crítica e historiografia literárias, também suas matérias relidas por Sylvia Plath e Anne Sexton; as reverências que Vincent faz à Catulo, Safo e Shakespeare; e, por ter publicado sobretudo num período entre guerras, sua contemporaneidade à Kaváfis e Lorca; o vinil — *Edna St. Vincent Millay – Reading Her Poetry* (1961), registros de 1941, leitura e gravação de poemas seletados por ela. Por fim, grande parte do que aqui está diz respeito ao meu gosto pela extravagância e intrinco dessas partituras musicais, poemas-fala que refugiam a espiritualidade e recolhem as vibrações do ser no mundo natural, baseando-me no desejo de recantar essas conversas escritas ora com ventura e graça, ora com ternura e ironia.

Em 6 de março de 1913, Edna St. Vincent Millay respondeu a uma carta do sonetista Arthur Ficke com o seguinte pedido: *Na próxima carta que escrever para mim, faça o favor de me dar um conselho bom. Prometo que não vou segui-lo.* Tornara-se em seguida uma feminista pertinaz, ativista política brutal e premente defensora do aborto. Abertamente alcóolica, deprimida e ansiosa, enlaçou-se ao prazer, ao vexame e às infamiliaridades da alma. Assim como eu e você, Vincent é uma voz do século XX — mas que desensurdece o século XXI — romântica, neurótica, hierática, zombeteira e amarga, cujas perversões da decência não correspondem às euforias da vida pública. Uma voz azougada, que confidencia com o mistério e o cotidiano. Portanto, assim como você, que está prestes a nascer, Vincent é voz do nosso tempo.

Bruna Beber
Março de 2022

Poemas, solilóquios e sonetos

Renascimento e outros poemas

Renascence, and Other Poems

1917

RENASCENCE

All I could see from where I stood
Was three long mountains and a wood;
I turned and looked another way,
And saw three islands in a bay.
So with my eyes I traced the line
Of the horizon, thin and fine,
Straight around till I was come
Back to where I'd started from;
And all I saw from where I stood
Was three long mountains and a wood.

Over these things I could not see;
These were the things that bounded me;
And I could touch them with my hand,
Almost, I thought, from where I stand.
And all at once things seemed so small
My breath came short, and scarce at all.
But, sure, the sky is big, I said;
Miles and miles above my head;
So here upon my back I'll lie
And look my fill into the sky.
And so I looked, and, after all,
The sky was not so very tall.
The sky, I said, must somewhere stop,
And—sure enough!—I see the top!
The sky, I thought, is not so grand;
I 'most could touch it with my hand!

RENASCIMENTO

Tudo que daqui minha vista acata:
Três montanhas altas e a mata.
Olhei para o lado e o que havia
Eram só três ilhéus numa baía.
Dali, com os olhos, tracei a linha
Do horizonte, fina e gavinha,
Destinada, sinuosa, e de saída
Voltando ao ponto de partida;
E tudo que daí minha vista acata:
Três montanhas altas e a mata.

Além delas, não se via nada;
Resultava delas a visão limitada;
Eu poderia tocá-las com a mão,
Ou quase, pensei, dessa posição.
E de repente tudo parecia miniatura
Minha respiração rareou, virou tontura.
Eu disse: é claro que o céu não tem fim;
Milhas e milhas e milhas sobre mim;
Então sobre o dorso ofereci-me ao léu
E aterrei minha totalidade no céu.
Assim me vi e avistada, afinal,
O céu não parecia tão abismal.
Eu disse: o céu que se aprume,
Daqui — prevejo — vejo seu cume!
Pensei: o céu não é uma mansão;
Um palmo e roço o céu com a mão!

And reaching up my hand to try,
I screamed to feel it touch the sky.

I screamed, and—lo!—Infinity
Came down and settled over me;
Forced back my scream into my chest,
Bent back my arm upon my breast,
And, pressing of the Undefined
The definition on my mind,
Held up before my eyes a glass
Through which my shrinking sight did pass
Until it seemed I must behold
Immensity made manifold;
Whispered to me a word whose sound
Deafened the air for worlds around,
And brought unmuffled to my ears
The gossiping of friendly spheres,
The creaking of the tented sky,
The ticking of Eternity.

I saw and heard, and knew at last
The How and Why of all things, past,
And present, and forevermore.
The Universe, cleft to the core,
Lay open to my probing sense
That, sick'ning, I would fain pluck thence
But could not,—nay! But needs must suck
At the great wound, and could not pluck
My lips away till I had drawn
All venom out.—Ah, fearful pawn!

Estendi a mão a ver se alcançava.
Gritei ao sentir que o céu tocava.

Gritei, e eis! — era o Infinito.
Baixou e me recebeu com seu rito.
Tentei devolver meu grito ao leito,
Dobrei o braço sobre o peito,
E, do Indefinido premente
Vi a definição da minha mente,
Segurei frente aos olhos uma taça
E minha visão turvada virou graça
Até que diante de mim contemplava
A imensidão que se multiplicava;
Ela sussurrou uma palavra cujo som
Ensurdeceu o ar, privou-lhe do tom
E trouxe, abafados, aos meus ouvidos
Os rumores das esferas já polidos,
O rangido do céu na claridade.
O tique-taque da Eternidade.

Eu vi e ouvi e soube enfim —
Das coisas o Como e o Fim,
O Passado, o presente, a perpetuidade.
O Universo rachado em sua vacuidade
Abriu-se ao meu espírito perquiridor,
Repugnante, queria tirar-lhe o amargor
Mas nem pude! Chupar, absorver, esgotar
A grande ferida, e não consegui afastar
Meus lábios antes de levar à extinção
Todo o veneno — ah, penhor poltrão!

For my omniscience paid I toll
In infinite remorse of soul.
All sin was of my sinning, all
Atoning mine, and mine the gall
Of all regret. Mine was the weight
Of every brooded wrong, the hate
That stood behind each envious thrust,
Mine every greed, mine every lust.

And all the while for every grief,
Each suffering, I craved relief
With individual desire,—
Craved all in vain! And felt fierce fire
About a thousand people crawl;
Perished with each,—then mourned for all!

A man was starving in Capri;
He moved his eyes and looked at me;
I felt his gaze, I heard his moan,
And knew his hunger as my own.
I saw at sea a great fog bank
Between two ships that struck and sank;
A thousand screams the heavens smote;
And every scream tore through my throat.

No hurt I did not feel, no death
That was not mine; mine each last breath
That, crying, met an answering cry
From the compassion that was I.

Pago pela minha onisciência, credito
À alma um remorso infinito.
Todos os pecados em meu nome,
Toda expiação, e o fel que consome
Todo arrependimento. É meu o peso
De toda cisma, por trás do ódio teso
Em cada ação da inveja em fúria.
Minha toda ganância, toda luxúria.

É meu o tempo que leva cada luto,
Cada sofrimento, dano e fruto
De cada alívio ansiado a sós —
Desejo vão! Flagrei fogo feroz
Rastejando milhares sem cessar;
Morri com eles — só fiz chorar!

Em Capri há um homem faminto;
Girou os olhos e o que agora sinto
É que olha para mim, ouvi seu lamento
E sua fome é também o meu tormento.
No mar avistei um aluvião de nevoeiro
Da colisão e naufrágio de dois cargueiros;
Mil gritos fizeram dos céus frangalho;
E um a um, de minha garganta, retalho.

Nenhuma dor que não me doa, nem morte
Que a mim não mate; cada sopro último é aporte
De um grito que, ao vibrar, consoa o grão
De cada grito meu de compaixão.

All suffering mine, and mine its rod;
Mine, pity like the pity of God.

Ah, awful weight! Infinity
Pressed down upon the finite Me!
My anguished spirit, like a bird,
Beating against my lips I heard;
Yet lay the weight so close about
There was no room for it without.
And so beneath the weight lay I
And suffered death, but could not die.

Long had I lain thus, craving death,
When quietly the earth beneath
Gave way, and inch by inch, so great
At last had grown the crushing weight,
Into the earth I sank till I
Full six feet under ground did lie,
And sank no more,—there is no weight
Can follow here, however great.
From off my breast I felt it roll,
And as it went my tortured soul
Burst forth and fled in such a gust
That all about me swirled the dust.

Deep in the earth I rested now;
Cool is its hand upon the brow
And soft its breast beneath the head
Of one who is so gladly dead.
And all at once, and over all

É meu todo sofrimento e sua palmatória;
Minha é a pena, e como a de Deus, notória.

Que fado! Eis a Infinitude
A comprimir minha finitude!
Espírito meu, agoniado feito periquito,
ouvi bicar meus lábios em veredito.
Todavia assentei esse fado,
Que avizinhei de bom grado.
E assim sob o fado me deitei,
Senti a morte, mas a ela não me dei.

Deitada permaneci, a desejar a morte,
Até que a terra muda, por exorte
Cedeu, palmo a palmo, em profundeza
E salientou o fado e sua cruel destreza;
Esmagada, aprofundei-me na terra
A sete palmos, onde tudo se encerra,
E ali me detive — pois fado nenhum
Daqui se transpõe, por mais incomum.
Então de meu peito se desarrolhou,
E o martírio de minha alma arrastou
Para a explosão, fugiu em disparada
E sua poeira espiralou-me em nada.

Agora subterrânea posso descansar;
Gélida é a mão sobre a testa a roçar,
Macio peito cuja cabeça reverencia,
De todos aqueles que a morte vigia.
E de uma só vez, e por toda parte

The pitying rain began to fall;
I lay and heard each pattering hoof
Upon my lowly, thatched roof,
And seemed to love the sound far more
Than ever I had done before.
For rain it hath a friendly sound
To one who's six feet underground;
And scarce the friendly voice or face:
A grave is such a quiet place.

The rain, I said, is kind to come
And speak to me in my new home.
I would I were alive again
To kiss the fingers of the rain,
To drink into my eyes the shine
Of every slanting silver line,
To catch the freshened, fragrant breeze
From drenched and dripping apple-trees.
For soon the shower will be done,
And then the broad face of the sun
Will laugh above the rain-soaked earth
Until the world with answering mirth
Shakes joyously, and each round drop
Rolls, twinkling, from its grass-blade top.

How can I bear it; buried here,
While overhead the sky grows clear
And blue again after the storm?
O, multi-colored, multiform,
Beloved beauty over me,

A chuva santa precipita-se destarte;
Recolhida, ouvi cada som de cangalha
Na mansidão de meu telhado de palha.
E amei esse som de um jeito inédito
E aceitei sua beleza como um rédito.
Pois o som da chuva é prazenteiro
A sete palmos do cimeiro;
Rara é a voz, raro vulto amoroso:
A cova é um lugar tão silencioso.

Eu disse: chuva, meu ser se arvora
Quando me visitas nesta casa nova.
Se viva pudesse estar novamente
Beijaria os dedos desta torrente,
Tomaria pelos olhos o prateado
De cada traço oblíquo distado,
Aspiraria a brisa perfumada
De cada macieira encharcada.
Em breve o banho será preparado,
E a face vasta do sol fará o arado
Com os dentes de um sorriso largo
E despertará o mundo de seu letargo,
E soará a alegria que a gota declama
Quando rola, cintilante, pela grama.

Como suportarei; aqui enterrada,
Acima o céu retoma sua jornada
E depois da chuva, é azul seu uniforme?
Ó multicolorida, multiforme,
Bem-vinda sobre mim toda beleza,

That I shall never, never see
Again! Spring-silver, autumn-gold,
That I shall never more behold!
Sleeping your myriad magics through,
Close-sepulchred away from you!
O God, I cried, give me new birth,
And put me back upon the earth!
Upset each cloud's gigantic gourd
And let the heavy rain, down-poured
In one big torrent, set me free,
Washing my grave away from me!

I ceased; and through the breathless hush
That answered me, the far-off rush
Of herald wings came whispering
Like music down the vibrant string
Of my ascending prayer, and—crash!
Before the wild wind's whistling lash
The startled storm-clouds reared on high
And plunged in terror down the sky,
And the big rain in one black wave
Fell from the sky and struck my grave.

I know not how such things can be;
I only know there came to me
A fragrance such as never clings
To aught save happy living things;
A sound as of some joyous elf
Singing sweet songs to please himself,
And, through and over everything,

De seu manto nunca mais a proeza
Vivente! Prataprimavera, ouroutono,
Não, nunca mais aos pés de seu trono!
Adormecida sob a miríade da magia,
Sepulta, espoldrada de toda valia!
Gritei, ó Deus, faz-me renascer,
Providencia que sobre a terra volte a viver!
Atazana das nuvens a cuia volumosa
E chama a chuva, densa e ruidosa
Num ribombo de torrente, me liberta,
Abre a porta da cova, deixarei aberta!

Parei; e o que ouvi, da caluda ofegante
Que me recebeu, foi o tumulto distante
Das asas do arauto derivar no sussurro
Da música emanada do cordão casmurro
De minha prece ascendente, e — estabaco!
Ante o açoite zunido do vento velhaco,
Nuvens de tormenta elevaram-se a leste
E submergiram no terror celeste,
E o aguaceiro encarnado na onda-negrume
Caiu do céu: minha cova que se aprume.

Sabe-se lá de onde vem coisa dessa;
Sei apenas que agora me atravessa
Um perfume raríssimo e transitório
Que guarda a ventura do corpóreo;
Um som que ressoa um elfo jubiloso
A entoar cantigas de zelo e gozo,
E de um lado a outro, o supremo fiar

A sense of glad awakening.
The grass, a-tiptoe at my ear,
Whispering to me I could hear;
I felt the rain's cool finger-tips
Brushed tenderly across my lips,
Laid gently on my sealed sight,
And all at once the heavy night
Fell from my eyes and I could see,—
A drenched and dripping apple-tree,
A last long line of silver rain,
A sky grown clear and blue again.
And as I looked a quickening gust
Of wind blew up to me and thrust
Into my face a miracle
Of orchard-breath, and with the smell,—
I know not how such things can be!—
I breathed my soul back into me.

Ah! Up then from the ground sprang I
And hailed the earth with such a cry
As is not heard save from a man
Who has been dead, and lives again.
About the trees my arms I wound;
Like one gone mad I hugged the ground;
I raised my quivering arms on high;
I laughed and laughed into the sky,
Till at my throat a strangling sob
Caught fiercely, and a great heart-throb
Sent instant tears into my eyes;
O God, I cried, no dark disguise

Do tino e do gosto de despertar.
A grama, pé ante pé, no meu ouvido:
Cochicho, murmúrio, bramido;
Senti que os dedos frios da chuva
Pincelavam meus lábios, de luva,
E acomodada na sela de minha visão,
Densa, pesada, a noite abriu seu vão
E caiu-me dos olhos, e pude ver —
A macieira encharcada se mexer,
O traço oblíquo da chuva prateada,
O uniforme azul do céu na alvorada.
Enquanto olhava, um vento de rajar
Me soprou e impôs-me o altar
De um milagre
Com hálito de pomar, e de seu aroma —
Sabe-se lá de onde vem coisa dessa! —
Aspirei minha alma de volta e depressa.

Ah! Então do chão dei um salto
E saudei a terra com um grito alto,
Inaudito, à exceção de um outro ser
Que também morreu e voltou a viver.
Nas árvores cobrejei meus braços,
E louca, ofertei-os ao chão, em regaço;
Trêmula, ergui os braços ao firmamento;
E para o céu sorri, ri, gargalhei ao vento;
Minha garganta soluçante, estrangulada
Em fúria, despertou a pulsação venerada
Do coração: dos olhos a lágrima avulta.
Deus meu, nenhuma face oculta

Can e'er hereafter hide from me
Thy radiant identity!
Thou canst not move across the grass
But my quick eyes will see Thee pass,
Nor speak, however silently,
But my hushed voice will answer Thee.
I know the path that tells Thy way
Through the cool eve of every day;
God, I can push the grass apart
And lay my finger on Thy heart!

The world stands out on either side
No wider than the heart is wide;
Above the world is stretched the sky,—
No higher than the soul is high.
The heart can push the sea and land
Farther away on either hand;
The soul can split the sky in two,
And let the face of God shine through.
But East and West will pinch the heart
That can not keep them pushed apart;
And he whose soul is flat—the sky
Will cave in on him by and by.

É capaz de privar-me do semblante
De Tua Semelhança radiante!
Não poderás caminhar sobre a grama,
Meus olhos ágeis intuirão Tua trama;
Se Teu sopro, em silêncio, desabalar
Minha voz, abafada, ela a Ti responderá.
Sei o caminho que leva ao Teu caminho
Na véspera do orvalho sobre cada pinho;
Deus, na grama posso abrir um vão
E com o dedo tocarei Teu coração!

De um polo a outro o mundo salta à vista
Mas não granjeia o que o coração aquista.
Por sobre o mundo, o céu se espreguiça —
E não alcança a alma, alma não aterrissa.
O coração logra a cisão de terras e mares
E, com as mãos, os orquestra pelos ares;
A alma logra a divisão do céu em dois,
E a face de Deus brilhará depois.
Oriente, Ocidente, o aqui e o além
Sabem: coração é terra de ninguém;
Azar daquele cuja alma é pedestre — o céu
Receberá desabado, véu sobre véu sobre véu.

THE SUICIDE

«Curse thee, Life, I will live with thee no more!
Thou hast mocked me, starved me, beat my body sore!
And all for a pledge that was not pledged by me,
I have kissed thy crust and eaten sparingly
That I might eat again, and met thy sneers
With deprecations, and thy blows with tears,—
Aye, from thy glutted lash, glad, crawled away,
As if spent passion were a holiday!
And now I go. Nor threat, nor easy vow
Of tardy kindness can avail thee now
With me, whence fear and faith alike are flown;
Lonely I came, and I depart alone,
And know not where nor unto whom I go;
But that thou canst not follow me I know.»

Thus I to Life, and ceased; but through my brain
My thought ran still, until I spake again:

«Ah, but I go not as I came,—no trace
Is mine to bear away of that old grace
I brought! I have been heated in thy fires,
Bent by thy hands, fashioned to thy desires,
Thy mark is on me! I am not the same
Nor ever more shall be, as when I came.
Ashes am I of all that once I seemed.
In me all's sunk that leapt, and all that dreamed
Is wakeful for alarm,—oh, shame to thee,
For the ill change that thou hast wrought in me,

O SUICÍDIO

«Maldita tu, Vida, nosso viver já foi cumprido!
Zombaste de mim, meu corpo deixaste ferido!
À custa de uma promessa que não prometi,
Beijei tua casca e com sobriedade a comi
Para que pudesse repetir, defrontar tuas ciladas
Com desaplauso, e com lágrimas tuas pancadas —
Sob teu chicote farto, ditosa cortei um dobrado,
Como se paixão antiga, revivida, fosse feriado!
Agora me vou. Nem ameaça, nem jura vazia
De bondade temporã têm qualquer serventia
Para mim, donde medo e fé esvoaçam num tiro;
Sozinha vim à vida, sozinha me retiro,
Não sei aonde vou nem por que estou indo;
Mas não podes me seguir, assevero, é findo.»

Assim disse à Vida, e estanquei; e senti que na foz
Da cabeça o pensamento fugia, até que voltei à voz:

«Ah, mas não vou como vim — nenhum rastro
Daquela antiga graça repousa no lastro
Que me trouxe! No teu calor fui preparada,
Por tuas mãos conduzida, ao teu desejo moldada,
Espia as marcas! Não sou mais aquela
Nem nunca mais terei de mim a tutela.
Agora sou as cinzas de tudo que era.
Em mim naufraga o sonho e a fera
Sobressaltada, agora fareja — que vergonha
Dos maus ventos forjados por tua peçonha,

Who laugh no more nor lift my throat to sing!
Ah, Life, I would have been a pleasant thing
To have about the house when I was grown
If thou hadst left my little joys alone!
I asked of thee no favor save this one:
That thou wouldst leave me playing in the sun!
And this thou didst deny, calling my name
Insistently, until I rose and came.
I saw the sun no more.—It were not well
So long on these unpleasant thoughts to dwell,
Need I arise to-morrow and renew
Again my hated tasks, but I am through
With all things save my thoughts and this one night,
So that in truth I seem already quite
Free and remote from thee,—I feel no haste
And no reluctance to depart; I taste
Merely, with thoughtful mien, an unknown draught,
That in a little while I shall have quaffed.»

Thus I to Life, and ceased, and slightly smiled,
Looking at nothing; and my thin dreams filed
Before me one by one till once again
I set new words unto an old refrain:

«Treasures thou hast that never have been mine!
Warm lights in many a secret chamber shine
Of thy gaunt house, and gusts of song have blown
Like blossoms out to me that sat alone!
And I have waited well for thee to show
If any share were mine,—and now I go!

Que não mais escarnece ou me prepara o canto?!
Ah, Vida, pudera ser muito, pudera ser tanto,
A boa companheira quando adulta agora jaz
Porque não deixaste minhas alegrias em paz!
Favor nenhum te pedi, exceto o que se segue:
Brincar ao sol para que o sol me sossegue!
Negaste; e cantando meu nome, foste insistente
Até que enfim me levantei, e cá estou, presente.
Do sol, nem a memória. Não tardei tanto
A me debater em pensamentos de espanto.
Preciso acordar amanhã e deter-me na carta
De minhas tarefas morrinhas, mas estou farta
De tudo, esta noite apego-me ao pensamento,
E no pensamento me basto, e assento
Minha liberdade, longe de ti, não tenho pressa
Nem reluto em partir; do que não cessa
Provo, meticulosa, o rascunho ignorado,
Daquilo que em breve já terei tragado».

Assim disse à Vida, e estanquei, abri sorriso esquivo
Olhando para o nada; e de meus sonhos o arquivo
Foi aberto, um por um diante de minha visão
E dei novas palavras a um velho refrão:

«Tesouros teus nunca estiveram sob meu arbítrio!
A luz tépida das câmaras secretas fulgura o vítreo
De tua casa desolada; lufas de música como flor
Aflaram na minha solidão e no meu torpor.
Esperei que indicasses no que se avultou
Qual parte era minha — e agora me vou!

Nothing I leave, and if I naught attain
I shall but come into mine own again!»

Thus I to Life, and ceased, and spake no more,
But turning, straightway, sought a certain door
In the rear wall. Heavy it was, and low
And dark,—a way by which none e'er would go
That other exit had, and never knock
Was heard thereat,—bearing a curious lock
Some chance had shown me fashioned faultily,
Whereof Life held content the useless key,
And great coarse hinges, thick and rough with rust,
Whose sudden voice across a silence must,
I knew, be harsh and horrible to hear,—
A strange door, ugly like a dwarf.—So near
I came I felt upon my feet the chill
Of acid wind creeping across the sill.
So stood longtime, till over me at last
Came weariness, and all things other passed
To make it room; the still night drifted deep
Like snow about me, and I longed for sleep.

But, suddenly, marking the morning hour,
Bayed the deep-throated bell within the tower!
Startled, I raised my head,—and with a shout
Laid hold upon the latch,—and was without.

* * * * *

Nada deixo para trás, e se nada alcançar
Herdo o que é meu, voltarei para buscar!»

Assim disse à Vida, e estancada, nada mais falei,
Mas ao me virar, de imediato, uma porta avistei
Na parede dos fundos. Era pesada, baixa e luzia
No breu — um caminho que ninguém escolheria
De saída insuspeita, e que nenhuma batida
Jamais ouvira. E aquela fechadura surtida
Revelava o que o acaso tramara sob a falha,
Da qual só a Vida tinha chave nula e calha;
E dobradiças ásperas, espessadas na ferrugem,
Cuja voz ágil cruza o silêncio feito babugem
E deve ser, bem sei, incômoda de se ouvir —
Porta bizarra, a feiura de um anão. A seguir
Me acheguei e a friagem percorreu meus pés,
Na soleira soprava um vento de revés.
E de persistente a duradouro, enfim acabou,
Sobreveio o cansaço, e tudo o mais passou
Para abrir-lhe espaço; a noite perplexa caiu
Sobre mim feito neve, e o sono me traiu.

Mas de repente, na torre, frisando o alvorecer
O uivo da garganta profunda do sino a ranger!
No susto, levantei a cabeça e gritei alerta
Me agarrando à tranca — estava aberta.

* * * * *

Ah, long-forgotten, well-remembered road,
Leading me back unto my old abode,
My father's house! There in the night I came,
And found them feasting, and all things the same
As they had been before. A splendour hung
Upon the walls, and such sweet songs were sung
As, echoing out of very long ago,
Had called me from the house of Life, I know.
So fair their raiment shone I looked in shame
On the unlovely garb in which I came;
Then straightway at my hesitancy mocked:
«It is my father's house!» I said and knocked;
And the door opened. To the shining crowd
Tattered and dark I entered, like a cloud,
Seeing no face but his; to him I crept,
And «Father!» I cried, and clasped his knees, and wept.

* * * * *

Ah, days of joy that followed! All alone
I wandered through the house. My own, my own,
My own to touch, my own to taste and smell,
All I had lacked so long and loved so well!
None shook me out of sleep, nor hushed my song,
Nor called me in from the sunlight all day long.

I know not when the wonder came to me
Of what my father's business might be,
And whither fared and on what errands bent
The tall and gracious messengers he sent.

Ah, vereda do esquecimento, rota lavrada
Conduzindo-me à minha antiga morada,
A casa de meu pai! Cheguei já tinha lua,
Festejo, banquete, e tudo que ali se cultua
Desde sempre. A prodigalidade lustrosa
Escorria das paredes, a cantiga maviosa,
Recantada, ecoava um tempo antigo,
Chamava à casa da Vida, eu sei e digo.
As vestes galhardas rebrilhavam o pudor
De estar ali em meus trapos sem fulgor;
Mas logo minha hesitação caçoou: «corta
Essa! É a casa do meu pai!»; bati na porta.
E a porta se abriu. No esplendor comensal
Maltrapilha e ronceira entrei, nuvem cabal,
Nada via nada além daquele rosto; rastejei
Até ele e gritei «Pai!», e aos pés dele chorei.

* * * * *

Ah, dias de júbilo aqueles! Vaguei sozinha
Por toda casa. Era tudo meu, era tão minha,
Era meu o tato, o gosto, era meu o cheiro,
Tanto me faltava daquele amor certeiro!
Nada a perturbar-me o sono, ou a silenciar
O canto, nem mesmo o sol ousou me convocar.

Não sei dizer quando a dúvida me acometeu:
Com que tipo de negócio meu pai se meteu,
E aonde iam e que tarefas delegava
Aos belos mensageiros que enviava.

Yet one day with no song from dawn till night
Wondering, I sat, and watched them out of sight.
And the next day I called; and on the third
Asked them if I might go,—but no one heard.
Then, sick with longing, I arose at last
And went unto my father,—in that vast
Chamber wherein he for so many years
Has sat, surrounded by his charts and spheres.
«Father,» I said, «Father, I cannot play
The harp that thou didst give me, and all day
I sit in idleness, while to and fro
About me thy serene, grave servants go;
And I am weary of my lonely ease.
Better a perilous journey overseas
Away from thee, than this, the life I lead,
To sit all day in the sunshine like a weed
That grows to naught,—I love thee more than they
Who serve thee most; yet serve thee in no way.
Father, I beg of thee a little task
To dignify my days,—'tis all I ask
Forever, but forever, this denied,
I perish.»

       «Child,» my father's voice replied,
«All things thy fancy hath desired of me
Thou hast received. I have prepared for thee
Within my house a spacious chamber, where
Are delicate things to handle and to wear,
And all these things are thine. Dost thou love song?
My minstrels shall attend thee all day long.

Um dia, da aurora até a noite, não ouvi canção,
Sentei-me e os observei, escondida na reflexão.
No dia seguinte, apresentei-me; e no terceiro
Sugeri acompanhá-los — sumiram no balceiro.
Aí, sufocada de desejo, enfim tomei uma atitude
E fui até meu pai — estava sentado na quietude
Vasta de seu gabinete, há anos é ali que escapa
Do mundo cercado de globos terrestres e mapas;
Eu disse: «Pai, meu pai, não posso mais tocar
A harpa que me deste; o dia inteiro sem parar
Vivo o ócio, ao passo que de um lado a outro
Vai teu servo sombrio, e sereno vem essoutro;
O conforto de minha solidão parece sina.
Melhor seria arriscar viagem ultramarina
Para bem longe de ti, do que esta vida minha,
De pasmar todo dia ao sol feito erva daninha
Que cresce em vão — amo-te mais que o mais fiel
Dos servos; mas ao teu lado desconheço meu papel.
Meu pai, imploro que me dês uma tarefa à toa
Para honrar meus dias — peço e é o que ressoa
Desde sempre; e se acaso recusares este pleito
Sucumbirei.»

    «Filha», disse a voz de meu pai,
«Tudo que tua imaginação tem me requisitado,
A ti eu ofertei. E para ti tenho ainda preparado,
Dentro de minha casa, uma alcova espaçosa,
Artigos finos aos teus cuidados, roupa nova,
E tudo de melhor para ti. És amante da canção?
Ponho meus menestréis à tua inteira disposição.

Or sigh for flowers? My fairest gardens stand
Open as fields to thee on every hand.
And all thy days this word shall hold the same:
No pleasure shalt thou lack that thou shalt name.
But as for tasks—» he smiled, and shook his head;
«Thou hadst thy task, and laidst it by", he said.

És amante das flores? Meus jardins formosos
Se revelarão para ti em campos mais sedosos.
E por todos os teus dias esta máxima persistirá:
Não há de haver desejo teu que não se realizará.
E quanto às tarefas —» sorriu, balançou a cabeça
E disse: «O tempo passou, agora esqueça».

GOD'S WORLD

O world, I cannot hold thee close enough!
    Thy winds, thy wide grey skies!
    Thy mists, that roll and rise!
Thy woods, this autumn day, that ache and sag
And all but cry with colour! That gaunt crag
To crush! To lift the lean of that black bluff!
World, World, I cannot get thee close enough!

Long have I known a glory in it all,
        But never knew I this:
        Here such a passion is
As stretcheth me apart,—Lord, I do fear
Thou'st made the world too beautiful this year;
My soul is all but out of me,—let fall
No burning leaf; prithee, let no bird call.

REINO DOS CÉUS

Ó mundo, não posso estreitar-te a mim!
   Teus ventos, teus amplos céus de motim!
   Tuas névoas, que espiralam e se ascendem!
Tuas florestas, outonais, se vergam, se ofendem
E quase choram de cor! Aquela escarpa desolada
Que aniquila! E reclina o abismo sobre o nada!
Mundo, mundo, não te compreendo tanto assim!

A glória de tudo isso reconheço enfim!
   Mas nunca lhe soube a razão;
   Nasce aqui uma paixão
E nela me destaco — Deus, meu único temor
É que do mundo ora tenha aprimorado o primor!
Minh'alma já desabriga-se do corpo — impeça, portanto,
A queda de toda folha em brasa; congela no pássaro o canto.

AFTERNOON ON A HILL

I will be the gladdest thing
    Under the sun!
I will touch a hundred flowers
    And not pick one.

I will look at cliffs and clouds
    With quiet eyes,
Watch the wind bow down the grass,
    And the grass rise.

And when lights begin to show
    Up from the town,
I will mark which must be mine,
    And then start down!

TARDE NA COLINA

Serei aquela mais festiva
   Sob o sol!
Dedilharei um cento de flores
   Mas não colherei uma só.

Espreitarei nuvens e rochedos
   Com olhos de cravar,
Ver o vento percorrer a grama,
   E a grama rebentar.

E quando as luzes cumularem
   Sobre a cidade,
Vou eleger a que persigo,
   E descerei mais à vontade!

SORROW

Sorrow like a ceaseless rain
    Beats upon my heart.
People twist and scream in pain,—
Dawn will find them still again;
This has neither wax nor wane,
    Neither stop nor start.

People dress and go to town;
    I sit in my chair.
All my thoughts are slow and brown:
Standing up or sitting down
Little matters, or what gown
    Or what shoes I wear.

TRISTEZA

Tristeza, chuva permanente
   Que vence meu coração.
Pessoas retraídas, dor senciente —
Mas o amanhecer sempre reprisa;
Não exalta nem ameniza,
   Não cessa nem faz concessão.

Elas se vestem e rumam à cidade;
   Eu fico aqui sentada.
Meu pensamento é tardo, sem claridade:
Se estou de pé ou pensa
O vestido não faz diferença
   Nem o sapato que me agrada.

TAVERN

I'll keep a little tavern
Below the high hill's crest,
Wherein all grey-eyed people
May set them down and rest.

There shall be plates a-plenty,
And mugs to melt the chill
Of all the grey-eyed people
Who happen up the hill.

There sound will sleep the traveller,
And dream his journey's end,
But I will rouse at midnight
The falling fire to tend.

Aye, 'tis a curious fancy—
But all the good I know
Was taught me out of two grey eyes
A long time ago.

TABERNA

Vou abrir uma taberna
No topo de um planalto,
Onde cada olhar turvo
Se livrará do sobressalto.

Servirei comida boa,
E canecas contra o frio
Para cada olhar turvo
Que se aventurar com brio.

O som da música ninará o viajante,
Que sonhará o fim da jornada,
Mas despertarei à meia-noite
Para manter a lareira afogueada.

Sim, de fato, veneta curiosa —
Mas até hoje tudo que me apraz
Me foi ensinado por olhos turvos
Num tempo esquecido, lá atrás.

THE LITTLE GHOST

I knew her for a little ghost
    That in my garden walked;
The wall is high—higher than most—
    And the green gate was locked.

And yet I did not think of that
    Till after she was gone—
I knew her by the broad white hat,
    All ruffled, she had on,

By the dear ruffles round her feet,
    By her small hands that hung
In their lace mitts, austere and sweet,
    Her gown's white folds among.

I watched to see if she would stay,
    What she would do—and oh!
She looked as if she liked the way
    I let my garden grow!

She bent above my favourite mint
    With conscious garden grace,
She smiled and smiled—there was no hint
    Of sadness in her face.

She held her gown on either side
    To let her slippers show,

A FANTASMINHA

Ela era a fantasminha
   Que no meu jardim caminhava;
O muro era alto — o mais alto que tinha —
   E o portão verde tinha uma trava.

Nada disso espertava meu tino
   Até que tomou seu rumo —
Usava um chapelão alabastrino,
   Era só babados e aprumo.

Babadinhos nos tornozelos,
   Babados nas mãozinhas
Enluvadas; austeras, doces e com zelo
   A ruflar o vestido branco de rendinhas.

Fiz vigília para ver se ficava,
   E se ficasse, o que faria — que ironia!
Mas deu só a impressão de que gostava,
   Do modo como meu jardim crescia!

Ao pé da hortelã a que alude meu afeto
   Expressou a naturalidade do gosto,
Sorriu, sorriu — não mapeou o trajeto
   Da tristeza em seu rosto.

Segurando o vestido pela margem
   Revelou a sandália sobre a grama,

And up the walk she went with pride,
    The way great ladies go.

And where the wall is built in new
    And is of ivy bare
She paused—then opened and passed through
    A gate that once was there.

Por entre as aleias desfilou a coragem
Inerente a uma grande dama.

E onde agora cresce um novo muro
E a hera insinua sua nudez,
Ela parou — tirou a tranca do furo
De um portão que já se desfez.

THREE SONGS OF SHATTERING

I

The first rose on my rose-tree
    Budded, bloomed, and shattered,
During sad days when to me
    Nothing mattered.

Grief of grief has drained me clean;
    Still it seems a pity
No one saw,—it must have been
    Very pretty.

II

Let the little birds sing;
    Let the little lambs play;
Spring is here; and so 'tis spring;—
    But not in the old way!

I recall a place
    Where a plum-tree grew;
There you lifted up your face,
    And blossoms covered you.

If the little birds sing,
    And the little lambs play,
Spring is here; and so 'tis spring—
    But not in the old way!

TRÊS CANÇÕES DE RUÍNA

I

A primeira rosa da minha roseira
   Abotoou, desabrochou, despedaçou
Naqueles dias de tristeza derradeira
   E a mim pouco ou nada sobrou.

O peso da dor me ressequiu;
   E é pena aquela rosa
Que ninguém distinguiu —
   Intuo: brotara formosa.

II

Que cantem os passarinhos;
   Aos cordeirinhos, a patuscada.
É primavera; abertura de caminhos —
   Horizonte moço à roçada!

Duma paragem lembro com gosto,
   Lá vingava uma ameixeira;
E bastava levantar o rosto,
   Pro corpo virar floreira.

Se ouço o canto dos passarinhos,
   E pros cordeirinhos tem patuscada,
É primavera; abertura de caminhos —
   Horizonte moço à roçada!

III

All the dog-wood blossoms are underneath the tree!
    Ere spring was going—ah, spring is gone!
And there comes no summer to the like of you and me,—
    Blossom time is early, but no fruit sets on.

All the dog-wood blossoms are underneath the tree,
    Browned at the edges, turned in a day;
And I would with all my heart they trimmed a mound for me,
    And weeds were tall on all the paths that led that way!

III

Todas as flores do corniso deitadas no folhedo!
Era primavera — ah, primavera finda!
À nossa semelhança, nem verão nem passaredo —
A floração é precoce; sem fruto não se brinda.

Todas as flores do corniso deitadas no folhedo,
Bordas amarronzadas da noite pro dia;
Ao meu coração, folhagem podada era folguedo,
E a daninha espichava em tudo que eu via!

INDIFFERENCE

I said,—for Love was laggard, O, Love was slow to come,—
   «I'll hear his step and know his step when I am warm in bed;
But I'll never leave my pillow, though there be some
   As would let him in—and take him in with tears!» I said.

I lay,—for Love was laggard, O, he came not until dawn,—
   I lay and listened for his step and could not get to sleep;
And he found me at my window with my big cloak on,
   All sorry with the tears some folks might weep!

INDIFERENÇA

Eu disse — porque o Amor é tardio, ah, demorava a chegar —,
«Reconhecerei seus passos da calidez de minha cama;
Mas não desertarei os travesseiros para deixá-lo entrar
Como é do feitio de outros — a desfiar seu drama!»

Deitada espero — ah, Amor tardio, veio com a aurora —,
Espreitando seus passos, recebi da insônia uma coroa;
Encontrou-me à janela, eu vestia um manto de outrora,
Arrependida, chorava as lágrimas de outra pessoa!

WITCH-WIFE

She is neither pink nor pale,
    And she never will be all mine;
She learned her hands in a fairy-tale,
    And her mouth on a valentine.

She has more hair than she needs;
    In the sun 'tis a woe to me!
And her voice is a string of colored beads,
    Or steps leading into the sea.

She loves me all that she can,
    And her ways to my ways resign;
But she was not made for any man,
    And she never will be all mine.

ESPOSA-ESTRIGA

Não é feliz nem infeliz,
    E nunca será minha mulher;
Do manejo da magia é aprendiz,
    A boca treinou no malmequer.

Tem uma cabeleira atrevida;
    Ao sol morro só de olhar!
A voz um colar de miçanga colorida,
    Ou uma escada a caminho do mar.

Seu amor por mim não é mesquinho,
    Mas nosso destino ela não quer;
Homem nenhum tem seu carinho,
    Mas nunca será minha mulher.

WHEN THE YEAR GROWS OLD

I cannot but remember
    When the year grows old—
October—November—
    How she disliked the cold!

She used to watch the swallows
    Go down across the sky,
And turn from the window
    With a little sharp sigh.

And often when the brown leaves
    Were brittle on the ground,
And the wind in the chimney
    Made a melancholy sound,

She had a look about her
    That I wish I could forget—
The look of a scared thing
    Sitting in a net!

Oh, beautiful at nightfall
    The soft spitting snow!
And beautiful the bare boughs
    Rubbing to and fro!

But the roaring of the fire,
    And the warmth of fur,

O CURSO DOS ANOS

Eu sempre me lembro,
    E um ano é como é um rio —
Vai outubro — Vem novembro —,
    Como ela odiava o frio!

Da janela contemplava
    Cada voo de andorinha,
E da janela retornava
    Suspirosa e morrinha.

Quando as folhas outonais
    Espatifavam-se na via,
E a chaminé com seus ais
    Zunzunava melancolia,

Ela armava uma carranca
    Que eu queria esquecer —
E de butuca na retranca
    Nem ousava se mexer!

Ah, deusa da boca da noite
    Cuspindo o viço da neve!
Deuses os galhos do afoite
    Triscando como se deve!

Mas no rugido da lareira,
    Na calidez da pelagem,

And the boiling of the kettle
    Were beautiful to her!

I cannot but remember
    When the year grows old—
October—November—
    How she disliked the cold!

No borbulho da chaleira
   Ela via era vantagem!

Sem querer ainda lembro,
   E um ano é como é um rio —
Vai outubro — Vem novembro —,
   Como ela odiava o frio!

Figos de espinhos:
poemas e quatro sonetos

*A Few Figs From Thistles:
Poems and Four Sonnets*

1920

FIRST FIG

My candle burns at both ends;
    It will not last the night;
But ah, my foes, and oh, my friends—
    It gives a lovely light!

FIGO FUNDAMENTAL

Minha vela queima dos dois lados;
   A noite inteira ela não dura;
Mas ah, contendores, ah, meus chegados —
   A luz dela é uma pintura!

SECOND FIG

Safe upon the solid rock the ugly houses stand:
Come and see my shining palace built upon the sand!

FIGO SERIAL

Na solidez do rochedo resiste toda casa feia:
Vem ver meu palácio vistoso fundado na areia!

RECUERDO

We were very tired, we were very merry—
We had gone back and forth all night on the ferry.
It was bare and bright, and smelled like a stable—
But we looked into a fire, we leaned across a table,
We lay on a hill-top underneath the moon;
And the whistles kept blowing, and the dawn came soon.

We were very tired, we were very merry—
We had gone back and forth all night on the ferry;
And you ate an apple, and I ate a pear,
From a dozen of each we had bought somewhere;
And the sky went wan, and the wind came cold,
And the sun rose dripping, a bucketful of gold.

We were very tired, we were very merry,
We had gone back and forth all night on the ferry.
We hailed, «Good morrow, mother!» to a shawl-covered head,
And bought a morning paper, which neither of us read;
And she wept, «God bless you!» for the apples and pears,
And we gave her all our money but our subway fares.

RECUERDO

Era tanto cansaço, era tanta alegria,
Juntos pela noite da balsa que vinha e ia.
Noite limpa, iluminada, um perfume de curral —
Escarafunchamos o fogo, cotovelos no beiral,
E no topo da colina, nos deitamos ao luar;
Apitos ao vento, o dia não custou a raiar.

Era tanto cansaço, era tanta alegria,
Juntos pela noite da balsa que vinha e ia;
Eu comi uma pera, você uma maçã,
Da dúzia que compramos, inda teve romã;
Aí o céu perdeu a cor, o vento gelou o couro,
O sol nasceu gotejando uma baldada de ouro.

Era tanto cansaço, era tanta alegria,
Juntos pela noite da balsa que vinha e ia.
Saudamos: «Boas, tia!» pruma cabeça sob o xale,
Comprei o jornal, mas não lemos porque não vale;
«Deus abençoe!»: maçãs e peras ela cumprimentou,
O dinheiro lhe demos, guardamos o bilhete do metrô.

THURSDAY

And if I loved you Wednesday,
    Well, what is that to you?
I do not love you Thursday—
    So much is true.

And why you come complaining
    Is more than I can see.
I loved you Wednesday,—yes—but what
    Is that to me?

QUINTA-FEIRA

Se eu te amasse às quartas-feiras
 Acharias caridade?
Não te amo às quintas-feiras —
 É a mais pura verdade.

Chegas sempre reclamando,
 Mas não posso fazer nada.
Te amei na quarta-feira, sim, e como!,
 Mas será que isso me agrada?

THE SINGING-WOMAN FROM THE WOOD'S EDGE

What should I be but a prophet and a liar,
Whose mother was a leprechaun, whose father was a friar?
Teethed on a crucifix and cradled under water,
What should I be but the fiend's god-daughter?

And who should be my playmates but the adder and the frog,
That was got beneath a furze-bush and born in a bog?
And what should be my singing, that was christened at an altar,
But Aves and Credos and Psalms out of the Psalter?

You will see such webs on the wet grass, maybe,
As a pixie-mother weaves for her baby,
You will find such flame at the wave's weedy ebb
As flashes in the meshes of a mer-mother's web,

But there comes to birth no common spawn
From the love of a priest for a leprechaun,
And you never have seen and you never will see
Such things as the things that swaddled me!

After all's said and after all's done,
What should I be but a harlot and a nun?

In through the bushes, on any foggy day,
My Da would come a-swishing of the drops away,
With a prayer for my death and a groan for my birth,
A-mumbling of his beads for all that he was worth.

A POETA DO REBORDO DAS MATAS

Que mais seria eu senão farsante e profeta?
Filha de mãe duende, filha de pai asceta?
Endentecida em crucifixo e ninada sob as águas,
Seria que mais senão afilhada das fráguas?

Camaradas quem mais senão a víbora e a perereca,
Abandonada sob um tojo e nascida na charneca?
Qual outro meu canto, ungido no altar do batistério,
Além de ave-marias e credos e salmos no saltério?

Mas verás, talvez, as teias de grama molhada,
Que a fada-mãe trança para o bebê-fada,
Encontrarás lavas na vazante nefasta da cheia
Na fornalha das malhas da mamãe sereia,

Mas nenhuma cria indistinta descende
Do amor de um asceta com uma duende,
E nunca viste nem nunca sentirás o cheiro
Das revelações que tenho desde o cueiro!

Indefere enfim o que eu faça ou ladre,
Que mais seria além de meretriz e madre?

Em meio aos arbustos, num dia nevoento,
Meu pai surgiu farfalhando gotas ao vento,
Encomendou minha alma, saudou minha vida,
Balbuciando cada pingo de suor de sua lida.

And there'd sit my Ma, with her knees beneath her chin,
A-looking in his face and a-drinking of it in,
And a-marking in the moss some funny little saying
That would mean just the opposite of all that he was praying!

He taught me the holy-talk of Vesper and of Matin,
He heard me my Greek and he heard me my Latin,
He blessed me and crossed me to keep my soul from evil,
And we watched him out of sight, and we conjured up the devil!

Oh, the things I haven't seen and the things I haven't known.
What with hedges and ditches till after I was grown,
And yanked both ways by my mother and my father,
With a «Which would you better?» and a «Which would you rather?»

With him for a sire and her for a dam,
What should I be but just what I am?

E lá estava mamãe, sentada, joelho sob queixo;
A olhá-lo embebedava-se das gotículas no teixo,
E bosquejava no musgo algum ditado engraçado
Oposto a tudo a que suas orações tinham alçado!

Do ofício divino, instruiu-me nas vésperas e matinas,
Ouviu minha prolação do grego e a das orações latinas,
Ele me abençoou e benzeu, purificou minha alma malsã,
E nós observamos tudo de longe, e nós conjuramos satã!

Ah, tudo que não vi e o que ainda não sei compreender.
Em vista dos sebes e valas que geografam o adolescer,
Meu pai me arrastou prali, mamãe me arrastou acolá
Dizendo: «Prefere ir por aqui?» e «Prefere ir por lá?»

Sendo ele o papel, ela a resma,
Que seria eu senão eu mesma?

SHE IS OVERHEARD SINGING

Oh, Prue she has a patient man,
    And Joan a gentle lover,
And Agatha's Arth' is a hug-the-hearth,—
    But my true love's a rover!

Mig, her man's as good as cheese
    And honest as a briar,
Sue tells her love what he's thinking of,—
    But my dear lad's a liar!

Oh, Sue and Prue and Agatha
    Are thick with Mig and Joan!
They bite their threads and shake their heads
    And gnaw my name like a bone;

And Prue says, «Mine's a patient man,
    As never snaps me up,»
And Agatha, «Arth' is a hug-the-hearth,
    Could live content in a cup;»

Sue's man's mind is like good jell—
    All one colour, and clear—
And Mig's no call to think at all
    What's to come next year,

While Joan makes boast of a gentle lad,
    That's troubled with that and this;—

ELA CANTA AO ACASO

Ô Prue tem um amásio manso,
    E Joan derriça um novilho,
Arth de Agatha, o coração da casa —
    Meu grande amor é andarilho!

O concubino de Mig é um pão
    E honesto feito uma sarça,
Sue prevê o que seu xodó pensa —
    Meu efebo é uma farsa!

Ô Sue e Prue e Agatha
    São de Mig carne e de Joan unha!
Mordem a língua e vivem à míngua
    A roer o osso de minha alcunha!

E Prue diz «Meu amásio é manso,
    Nunca fez injúria ou breca»,
E Agatha diz «Arth é doméstico,
    Basta-lhe colher e caneca».

A mente do xodó de Sue é um gel —
    Unicolor, transparente —
O concubino de Mig nem imagina
    O que será do ano decorrente,

E Joan gaba-se de seu boizinho manso,
    Atarantado, turbulento mas fagueiro —

But they all would give the life they live
    For a look from the man I kiss!

Cold he slants his eyes about,
    And few enough's his choice,—
Though he'd slip me clean for a nun, or a queen,
    Or a beggar with knots in her voice,—

And Agatha will turn awake
    While her good man sleeps sound,
And Mig and Sue and Joan and Prue
    Will hear the clock strike round,

For Prue she has a patient man,
    As asks not when or why,
And Mig and Sue have naught to do
    But peep who's passing by,

Joan is paired with a putterer
    That bastes and tastes and salts,
And Agatha's Arth' is a hug-the-hearth,—
    But my true love is false!

Porém trocariam a vida que levam
Pela olhadela do meu beijoqueiro!

Álgido, me olha de esguelha,
    Mas com pouco se agrada —
Num lapso me diz rainha ou freira,
    Ou mendiga da voz embargada —

Agatha logo estará desperta
    Mas seu caseiro ressona de babar,
Enquanto Mig e Sue e Joan e Prue
    Logo ouvirão o cuco soar,

Prue acha seu amásio paciente,
    Não pergunta quando ou por quê,
E Mig e Sue, duas desocupadas,
    A vida alheia é seu guichê,

O mancebo de Joan é encostado
    Mas lava, passa e faz salada,
Arth de Agatha é o coração da casa —
    Meu grande amor é uma cilada!

THE UNEXPLORER

There was a road ran past our house
Too lovely to explore.
I asked my mother once—she said
That if you followed where it led
It brought you to the milk-man's door.
(That's why I have not traveled more.)

A ESTAGNADA

Havia uma rua linda perto de casa
Que atraía meu espírito andeiro.
Sondei mamãe — ela disse assim:
Se você caminhar até o fim
Vai parar na casa do leiteiro.
(Agora meu espírito é caseiro.)

THE PENITENT

I had a little Sorrow,
 Born of a little Sin,
I found a room all damp with gloom
 And shut us all within;
And, «Little Sorrow, weep,» said I,
 «And, Little Sin, pray God to die,
And I upon the floor will lie
 And think how bad I've been!»

Alas for pious planning—
 It mattered not a whit!
As far as gloom went in that room,
 The lamp might have been lit!
My little Sorrow would not weep,
 My little Sin would go to sleep—
To save my soul I could not keep
 My graceless mind on it!

So up I got in anger,
 And took a book I had,
And put a ribbon on my hair
 To please a passing lad,
And, «One thing there's no getting by—
 I've been a wicked girl,» said I;
«But if I can't be sorry, why,
 I might as well be glad!»

A PENITENTE

Eu tinha uma Tristezinha,
    Nascida de um Pecadinho,
Entrei na escuridão de um porão
    E para nós três fiz um ninho.
«Chora, Tristezinha», disse eu,
    «Pecadinho, roga o fim a Deus,
Agora no chão me deito no breu
    E penso no meu desalinho!»

Ai plano meu de piedade —
    De nada importava!
Se a escuridão entrasse no porão,
    Uma lâmpada acesa já bastava!
Aí minha Tristezinha não choraria,
    Meu Pecadinho então dormiria —
E para salvar minh'alma juntaria
    Tudo que a mente desamparava!

Então me levantei raivosa,
    Tirei um livro do cabaz
E pus fitas no cabelo
    Para cativar qualquer rapaz,
E disse: «Uma coisa está provada —
    Tenho sido uma jovem malvada;
Mas se do perdão sou privada,
    De ser feliz eu sou capaz!».

DAPHNE

Why do you follow me?—
Any moment I can be
Nothing but a laurel-tree.

Any moment of the chase
I can leave you in my place
A pink bough for your embrace.

Yet if over hill and hollow
Still it is your will to follow,
I am off;—to heel, Apollo!

DAFNE

Por que me segues, arqueiro?
Logo serei apenas o cheiro
De um solitário loureiro.

A dada altura desta caçada
A ti deixarei uma braçada
De rama rosa bem laçada.

Monte, entremontes, todo solo
Se ainda me queres a tiracolo,
Já sumi — junto, Apolo!

TO KATHLEEN

Still must the poet as of old,
In barren attic bleak and cold,
Starve, freeze, and fashion verses to
Such things as flowers and song and you;

Still as of old his being give
In Beauty's name, while she may live,
Beauty that may not die as long
As there are flowers and you and song.

PARA KATHLEEN

Deve ainda hoje um poeta,
Na mansarda infértil e secreta,
Morrer de frio, fome e de amores
A versar sobre ti, canções e flores;

Deve ainda hoje ser sacrificado
Pela Beleza — ela viva é seu grado —
Beleza que nunca abotoará caixões
Porque existes, existem flores e canções.

THE PHILOSOPHER

And what are you that, wanting you,
    I should be kept awake
As many nights as there are days
    With weeping for your sake?

And what are you that, missing you,
    As many days as crawl
I should be listening to the wind
    And looking at the wall?

I know a man that's a braver man
    And twenty men as kind,
And what are you, that you should be
    The one man in my mind?

Yet women's ways are witless ways,
    As any sage will tell,—
And what am I, that I should love
    So wisely and so well?

O FILÓSOFO

E de que é feito, se meu desejo
    Me põe acordada sem pausa
Noite adentro, dia afora
    Chorando por sua causa?

E de que é feito, se a saudade
    Me faz rastejar pelos dias
Me deixa a ouvir o vento
    E a contemplar paredes frias?

Conheço um homem, o mais audaz
    Entre vinte homens de sua laia,
E de que é feito, visto que faz
    De minha mente sua tocaia?

São vãs as vogas das mulheres
    Como um sábio poderá afirmar —
E de que sou feita, se com primor
    E sabedoria posso amar?

Abril serial

Second April

1921

SPRING

To what purpose, April, do you return again?
Beauty is not enough.
You can no longer quiet me with the redness
Of little leaves opening stickily.
I know what I know.
The sun is hot on my neck as I observe
The spikes of the crocus.
The smell of the earth is good.
It is apparent that there is no death.
But what does that signify?
Not only under ground are the brains of men
Eaten by maggots.
Life in itself
Is nothing,
An empty cup, a flight of uncarpeted stairs.
It is not enough that yearly, down this hill,
April
Comes like an idiot, babbling and strewing flowers.

PRIMAVERA

Abril, com que finalidade retornas?
A beleza não basta.
Não me calas mais com a vermelhidão
Das folhinhas que se abrem viscosas.
Sei o que sei.
O sol esquenta o pescoço se observo
As espigas do açafrão.
O cheiro da terra é bom.
Evidente que a morte não existe.
Mas o que isso significa?
Não é só no subsolo que o cérebro humano
É devorado pelos vermes.
A vida em si
É nada,
Um copo vazio, uma escada sem tapete.
Não basta que a cada ano, colina abaixo,
Abril
Chegue feito idiota, balbuciando e derramando flores.

CITY TREES

The trees along this city street,
    Save for the traffic and the trains,
Would make a sound as thin and sweet
    As trees in country lanes.

And people standing in their shade
    Out of a shower, undoubtedly
Would hear such music as is made
    Upon a country tree.

Oh, little leaves that are so dumb
    Against the shrieking city air,
I watch you when the wind has come, —
    I know what sound is there.

ÁRVORES URBANAS

As árvores cravadas nesta rua,
   Sem o trânsito e os pedestres,
Entoariam melodia tão doce e nua
   Quanto as árvores campestres.

E os pedestres sob seus galhos
   A fugir de um temporal, é certo
Ouviriam enfim os chocalhos
   Das campestres a céu aberto.

Oh, folhinhas, tão afônicas
   No buchicho agudo da cidade,
Guardo-as das ondas ciclônicas —
   Sei dessa voz a realidade.

JOURNEY

Ah, could I lay me down in this long grass
And close my eyes, and let the quiet wind
Blow over me—I am so tired, so tired
Of passing pleasant places! All my life,
Following Care along the dusty road,
Have I looked back at loveliness and sighed;
Yet at my hand an unrelenting hand
Tugged ever, and I passed. All my life long
Over my shoulder have I looked at peace;
And now I fain would lie in this long grass
And close my eyes.

      Yet onward!
                         Cat birds call
Through the long afternoon, and creeks at dusk
Are guttural. Whip-poor-wills wake and cry,
Drawing the twilight close about their throats.
Only my heart makes answer. Eager vines
Go up the rocks and wait; flushed apple-trees
Pause in their dance and break the ring for me;
Dim, shady wood-roads, redolent of fern
And bayberry, that through sweet bevies thread
Of round-faced roses, pink and petulant,
Look back and beckon ere they disappear.
Only my heart, only my heart responds.
Yet, ah, my path is sweet on either side
All through the dragging day,—sharp underfoot
And hot, and like dead mist the dry dust hangs—

VIAGEM

Ah, eu poderia me deitar aqui nesta grama alta
E fechar os olhos, e deixar a calmaria do vento
Soprar através de mim — estou cansada, tão cansada
De passar por paragens prazenteiras! A vida inteira,
Seguindo o Consenso pela estrada polvorosa,
Enfim suspirei e no encanto me vi rememorada;
Mas sobre minha mão outra mão implacável
Me puxava para trás, eu avancei. A vida inteirinha
Por cima dos ombros espreitava a serenidade;
E agora adoraria me deitar nesta grama alta
E fechar os olhos, impávida.

          Mas sempre avante!
               O pipio do pássaro-gato
Na tarde arrastada, e os riachos no anticrepúsculo
São guturais. Os bem-te-vis acordam e cantam,
E às suas gargantas evocam o crepúsculo.
Só meu coração responde. Vinhas ávidas
Escalam rochas e aguardam; macieiras coradas
Interrompem seu baile e me dão uma cantada.
Cursos turvos à sombra da mata exalam a faia
E a samambaia, e por entre as fileiras méleas
De rosas bochechudas, roseadas, petulantes,
Viram o rosto e braceiam antes da debandada.
Só meu coração, só meu coração responde.
Mas ah, meu caminho é doce e grada
O tormento da tarde, — e sob meus pés afia-se
E esbraseia — névoa dormente na poeira rouca —

But far, oh, far as passionate eye can reach,
And long, ah, long as rapturous eye can cling,
The world is mine: blue hill, still silver lake,
Broad field, bright flower, and the long white road
A gateless garden, and an open path:
My feet to follow, and my heart to hold.

Ao longe, ah, mas o longe é beira do olhar amoroso,
Que não dista, ah, nem se absolve do olhar farejador,
O mundo é meu: colina absorta, manso lago prateado,
Campos vastos, flores vivas, e a estrada despolvorosa
Irradia um jardim sem porteira, um caminho aberto:
Pé na estrada, coração na boca.

EEL-GRASS

No matter what I say,
    All that I really love
Is the rain that flattens on the bay,
    And the eel-grass in the cove;
The jingle-shells that lie and bleach
    At the tide-line, and the trace
Of higher tides along the beach:
    Nothing in this place.

ALGA MARINHA

Minha palavra vã, viúva
   De um amor que brada:
Baía drapejada pela chuva,
   Batuta de alga na enseada.
Preguiça furta-cor de molusco
   Na preamar; a maré-cheia
Espraiada no lusco-fusco —
   O resto é solidão, e areia.

ELEGY BEFORE DEATH

There will be rose and rhododendron
    When you are dead and under ground;
Still will be heard from white syringas
    Heavy with bees, a sunny sound;

Still will the tamaracks be raining
    After the rain has ceased, and still
Will there be robins in the stubble,
    Brown sheep upon the warm green hill.

Spring will not ail nor autumn falter;
    Nothing will know that you are gone, —
Saving alone some sullen plough-land
    None but yourself sets foot upon;

Saving the may-weed and the pig-weed
    Nothing will know that you are dead,—
These, and perhaps a useless wagon
    Standing beside some tumbled shed.

Oh, there will pass with your great passing
    Little of beauty not your own,—
Only the light from common water,
    Only the grace from simple stone!

ELEGIA ANTES DA MORTE

Rosa haverá, o rododendro coroará
Teu corpo morto e subterrâneo;
A flor branca, rara do lilaseiro, ouvirá
Abelhas, e do sol o canto espontâneo;

O lariço reprisará a chuva e o remolho
Depois que a chuva passar, turmalina
Será a presença do tordo no restolho,
Ovelhas pretas na tepidez da colina.

Primavera sem dor, outono timbrado;
Tudo será omisso à tua partida; de viés
Restará o torrão sombrio e deslembrado
Que na solidão lavrarás com os pés;

À exceção do capim e da erva daninha,
Tudo mais será omisso à tua partida —
Acaso resistirá uma carroça de moinha
Abandonada num galpão e corroída.

Ó tua partida passará feito torrente
Arrastando uma beleza miúda —
Gradará de ti a luz na água corrente,
E a graça de uma pedra muda!

WEEDS

White with daisies and red with sorrel
    And empty, empty under the sky!—
Life is a quest and love a quarrel—
    Here is a place for me to lie.

Daisies spring from damned seeds,
    And this red fire that here I see
Is a worthless crop of crimson weeds,
    Cursed by farmers thriftily.

But here, unhated for an hour,
    The sorrel runs in ragged flame,
The daisy stands, a bastard flower,
    Like flowers that bear an honest name.

And here a while, where no wind brings
    The baying of a pack athirst,
May sleep the sleep of blessed things,
    The blood too bright, the brow accurst.

ERVAS DANINHAS

Margaridas brancas, azedinha solarenga
    E o entorno vazio, desabitado do céu! —
A vida é um passeio, o amor pendenga —
    Aqui me deito, a mentira é um véu.

As margaridas brotam das pragas;
    Vejo o lírio-da-chama na campina:
A colheita inútil num coral de bagas,
    Maldita por um fazendeiro sovina.

Mas aqui, amorosa e de guarda,
    A azedinha chamusca, faz um gesto,
E a margarida se levanta, flor bastarda,
    Como tantas flores de nome honesto.

E aqui, o vento ora não sopra o grão
    Do uivo da matilha sedenta,
Que dorme o sono justo da bênção,
    O sangue rebrilha, a fronte lamenta.

PASSER MORTUUS EST

Death devours all lovely things:
    Lesbia with her sparrow
Shares the darkness,—presently
    Every bed is narrow.

Unremembered as old rain
    Dries the sheer libation;
And the little petulant hand
    Is an annotation.

After all, my erstwhile dear,
    My no longer cherished,
Need we say it was not love,
    Now that love is perished?

PASSER MORTUUS EST

A morte devora tudo que é belo:
   A Lésbia com seu pardal
Partilha o vazio — hoje em dia
   Toda cama parece um beiral.

Deslembrada feito chuva anciã
   Que seca a total libação,
E sua mãozinha petulante
   É uma averbação.

Afinal, meu decorrido amor,
   Aquele que me assoberbou,
Carece dizer que não era amor,
   Agora que o amor acabou?

PASTORAL

If it were only still!—
With far away the shrill
Crying of a cock;
Or the shaken bell
From a cow's throat
Moving through the bushes;
Or the soft shock
Of wizened apples falling
From an old tree
In a forgotten orchard
Upon the hilly rock!

Oh, grey hill,
Where the grazing herd
Licks the purple blossom,
Crops the spiky weed!
Oh, stony pasture,
Where the tall mullein
Stands up so sturdy
On its little seed!

PASTORIL

Ah, saudoso sossego! —
Ao longe o canto labrego
De um galo queixoso;
Ou o sino levadiço
No pescoço da vaca
Bestando nos arbustos;
Ou o baque mavioso
Do pulo das maçãs secas
De uma velha árvore
Num pomar abandonado
Sobre o rochedo montanhoso!

Oh, colina de fumego!
Onde o rebanho pasta
E, ao lamber a flor roxa,
Serrilha a bicuda daninha!
Oh, pasto pedregoso,
Onde o verbasco crescido
Persevera robusto
Em sua sementinha!

ASSAULT

I

I had forgotten how the frogs must sound
After a year of silence, else I think
I should not so have ventured forth alone
At dusk upon this unfrequented road.

II

I am waylaid by Beauty. Who will walk
Between me and the crying of the frogs?
Oh, savage Beauty, suffer me to pass,
That am a timid woman, on her way
From one house to another!

SOBRESSALTO

I

Tinha esquecido como os sapos coaxam
Depois de um ano de mudez, de outro
Modo não teria me aventurado sozinha
No lusco-fusco desta estrada deserta.

II

Emboscada pela Beleza. Quem andará
Ao meu lado entre o coaxar dos sapos?
Ah, Beleza da Selva, deixa-me passar,
Sou só uma mulher tímida, a caminho
De uma casa para outra!

LOW-TIDE

These wet rocks where the tide has been,
    Barnacled white and weeded brown
And slimed beneath to a beautiful green,
    These wet rocks where the tide went down
Will show again when the tide is high
    Faint and perilous, far from shore,
No place to dream, but a place to die,—
    The bottom of the sea once more.

There was a child that wandered through
    A giant's empty house all day,—
House full of wonderful things and new,
    But no fit place for a child to play.

BAIXA-MAR

O pedral encharcado pelo trajeto da maré,
    Craquelado de branco e erva-pardeada,
Lodoso por baixo do nobre verde-guiné,
    O pedral encharcado pela onda mareada
Voltará a dar as caras na maré-cheia
    Sincopada e perigosa, longe da costa,
Onde não há sonho, e a morte sombreia —
    O fundo do mar é uma proposta.

Era uma vez uma criança que vagava
    Na casa abandonada de um gigante —
Casa onde tudo era novo e abismava,
    Mas não cabia uma criança brincante.

SONG OF A SECOND APRIL

April this year, not otherwise
    Than April of a year ago,
Is full of whispers, full of sighs,
    Of dazzling mud and dingy snow;
Hepaticas that pleased you so
    Are here again, and butterflies.

There rings a hammering all day,
    And shingles lie about the doors;
In orchards near and far away
    The grey wood-pecker taps and bores;
The men are merry at their chores,
    And children earnest at their play.

The larger streams run still and deep,
    Noisy and swift the small brooks run;
Among the mullein stalks the sheep
    Go up the hillside in the sun,
Pensively,—only you are gone,
    You that alone I cared to keep.

CANTO DE UM ABRIL SERIAL

O abril corrente, aberrante
  Ao abril do ano anterior,
Anda sussurrado, suspirante,
  Vistoso de lama, nevado de pavor;
As hepáticas que amavas sem pudor
  Cá estão, e borboletas bastantes.

Sinfonia de martelo o dia inteiro,
  Telhados e portas em disputa;
Nos pomares daqui e no sobreiro
  O pica-pau cinza bica e tributa;
Homens radiantes na labuta,
  Crianças sisudas no canteiro.

Ribeirões cursam ponderosos, gentis;
  Ruidosos, ágeis riachos na riposta
Cursam espigas de verbasco, servis
  Ovelhas escalam suadas a encosta
Por acinte — tua falta está posta,
  Tu, tu que tanto amei, e quis.

ROSEMARY

For the sake of some things
    That be now no more
I will strew rushes
    On my chamber-floor,
I will plant bergamot
    At my kitchen-door.

For the sake of dim things
    That were once so plain
I will set a barrel
    Out to catch the rain,
I will hang an iron pot
    On an iron crane.

Many things be dead and gone
    That were brave and gay;
For the sake of these things
    I will learn to say,
«An it please you, gentle sirs,»
    «Alack!» and «Well-a-day!»

ROSMANINHO

Pelo bem de tanta coisa
    Que agora já definha
Eu vou espalhar uns juncos
    No chão da camarinha,
Vou plantar uma bergamota
    Lá na porta da cozinha.

Pelo bem do que é tênue
    E perdeu a majestade
Vou arranjar um barril
    E colher a tempestade,
Vou pendurar uma panela
    Lá no ganchinho da grade.

Tanta coisa finda, extinta
    Outrora viva e audaz;
Pelo bem de todas elas
    Vou tentar ser loquaz:
«A casa é vossa, senhores»
    «Ai, ai», «Ide em paz!».

WRAITH

«Thin Rain, whom are you haunting,
    That you haunt my door?»
Surely it is not I she's wanting...
    Someone living here before!
«Nobody's in the house but me:
    You may come in if you like and see.»

Thin as thread, with exquisite fingers,—
    Have you seen her, any of you?—
Grey shawl, and leaning on the wind,
    And the garden showing through?

Glimmering eyes,—and silent, mostly,
    Sort of a whisper, sort of a purr,
Asking something, asking it over,
    If you get a sound from her.—

Ever see her, any of you?—
    Strangest thing I've ever known,—
Every night since I moved in,
    And I came to be alone.

«Thin Rain, hush with your knocking!
    You may not come in!
This is I that you hear rocking;
    Nobody's with me, nor has been!»

ASSOMBRAÇÃO

«Chuva Miúda, quem vieste amolar,
Ao rondar a minha porta?»
Não é a mim que desejas flagrar...
A antiga moradora está morta!
«Aqui, ninguém além de mim:
Entra, não vou achar ruim.»

Miúda feito cisco, dedos belíssimos —
Onde ela está, perderam viagem? —
Xale cinza, amparada pelo vento,
E ao fundo, a paisagem?

Olhos bruxuleantes — e tão silenciosa,
Quase ronrona, quase sussurra,
Quando quer alguma coisa, quer tudo,
Basta ouvirmos sua caturra.

Cadê, viram, sabem dizer? —
É a coisa mais estapafúrdia.
Desde que cheguei, é toda noite,
E pensar que fugi da balbúrdia.

«Chuva Miúda, basta de apoquentação!
Aqui não podes entrar!
É minha toda esta movimentação;
Ninguém esteve aqui nem vai estar!»

Curious, how she tried the window,—
　　Odd, the way she tries the door,—
Wonder just what sort of people
　　Could have had this house before...

Tentou entrar pela janela, curiosa —
 Depois tentou a porta, «*sim salabim*».
Imagino a pessoa, talvez caridosa,
 Que morou aqui antes de mim...

EBB

I know what my heart is like
    Since your love died:
It is like a hollow ledge
Holding a little pool
    Left there by the tide,
    A little tepid pool,
Drying inward from the edge.

BAIXA

Teu amor acabou
　Meu coração é:
Falésia que retorna
　Contornando uma poça
　　Minerada pela maré,
　　Uma lagoinha morna
Sugando-se pela fossa.

ELAINE

Oh, come again to Astolat!
    I will not ask you to be kind.
And you may go when you will go,
    And I will stay behind.

I will not say how dear you are,
    Or ask you if you hold me dear,
Or trouble you with things for you,
    The way I did last year.

So still the orchard, Lancelot,
    So very still the lake shall be,
You could not guess—though you should guess—
    What is become of me.

So wide shall be the garden-walk,
    The garden-seat so very wide,
You needs must think—if you should think—
    The lily maid had died.

Save that, a little way away,
    I'd watch you for a little while,
To see you speak, the way you speak,
    And smile,—if you should smile.

ELAINE

Oh, volta a Astolat!
  Não espero gentileza!
    Podes ir quando quiseres,
      Aqui fico sem tristeza.

Não pergunto se me amas,
  Não digo que és meu amado,
Nem te atazano as ideias
  Como fiz no ano passado.

Tão quieto o pomar, Lancelote,
  E logo o lago se acalmará,
Nem imaginas — podes adivinhar —
  O que me aconteceu, vem já!

Contornaremos todo o jardim,
  Conhecerás também a horta,
Deves achar — se assim pensas —
  Que a donzela do lírio está morta.

Esquece; e perdoa a ousadia,
  Cada segundo é um porvir
Se te ouço falar, podes falar,
  E sorrir — se quiseres sorrir.

BURIAL

Mine is a body that should die at sea!
    And have for a grave, instead of a grave
Six feet deep and the length of me,
    All the water that is under the wave!

And terrible fishes to seize my flesh,
    Such as a living man might fear,
And eat me while I am firm and fresh,—
    Not wait till I've been dead for a year!

SEPULTAMENTO

Meu corpo é destinado a morrer no mar!
    E, como sepultura, em vez de uma cova
A sete palmos em que possa me estirar,
    Toda a água do mar que se renova!

Desfrutada pelas criaturas abissais
    — O temor do vivente à própria sorte —
A carcomer minha beleza e seus sais,
    Antes do primeiro aniversário de morte!

MARIPOSA

Butterflies are white and blue
In this field we wander through.
Suffer me to take your hand.
Death comes in a day or two.

All the things we ever knew
Will be ashes in that hour:
Mark the transient butterfly,
How he hangs upon the flower.

Suffer me to take your hand.
Suffer me to cherish you
Till the dawn is in the sky.
Whether I be false or true,
Death comes in a day or two.

MARIPOSA

Borboletas azuis e brancas
Sobrevoam atalhos e vias.
Deixa-me segurar tua mão.
A morte virá em dois dias.

Tudo que era meu e teu
Na dada hora será pó,
A borboleta transeunte
Florindo-se, airada e só.

Deixa-me segurar tua mão.
No teu corpo fazer folias
Até a aurora parir o céu.
Se me crês ou confias,
A morte virá em dois dias.

THE LITTLE HILL

Oh, here the air is sweet and still,
    And soft's the grass to lie on;
And far away's the little hill
    They took for Christ to die on.

And there's a hill across the brook,
    And down the brook's another;
But, oh, the little hill they took,—
    I think I am its mother!

The moon that saw Gethsemane,
    I watch it rise and set;
It has so many things to see,
    They help it to forget.

But little hills that sit at home
    So many hundred years,
Remember Greece, remember Rome,
    Remember Mary's tears.

And far away in Palestine,
    Sadder than any other,
Grieves still the hill that I call mine,—
    I think I am its mother.

O MONTE

Oh, aqui o ar é fresco e parado,
    Grama macia feito colchão;
Ao longe vê-se a colina no prado
    Onde Jesus foi à crucificação.

Mais uma colina pra lá do riacho,
    E a leste outra segue sua trilha,
Mas a colina empossada mais abaixo —
    Eu acho que é minha filha!

Getsêmani testemunhado pela lua,
    Lua que vi nascer e se pôr;
Tanto desvela à vista nua
    Que o esquecimento vira flor.

Mas as três colinas cuja soma
    Assenta ali milhares de dias,
Lembram Grécia, lembram Roma,
    Lembram as lágrimas de Maria.

E do outro lado, lá na Palestina,
    Colina mais triste que uma ilha,
Enlutada, mas minha — dor que mina —
    Essa acho que é minha filha.

LAMENT

Listen, children:
Your father is dead.
From his old coats
I'll make you little jackets;
I'll make you little trousers
From his old pants.
There'll be in his pockets
Things he used to put there,
Keys and pennies
Covered with tobacco;
Dan shall have the pennies
To save in his bank;
Anne shall have the keys
To make a pretty noise with.
Life must go on,
And the dead be forgotten;
Life must go on,
Though good men die;
Anne, eat your breakfast;
Dan, take your medicine;
Life must go on;
I forget just why;

LUTO

Atenção, crianças:
Papai morreu.
De suas casacas
Farei casaquinhos;
Farei calças curtas
De suas calças.
Dentro dos bolsos
Todo tipo de miudeza,
Chaves e níqueis
Polvilhados de tabaco;
Os níqueis são de Dan
Pra botar na caderneta;
As chaves são de Anne
E fará delas castanholas.
A vida continua,
Os mortos não voltam;
A vida continua,
Os bons também vão morrer.
Anne, seu café da manhã;
Dan, toma o remedinho;
A vida continua;
E já nem sei por quê.

EXILED

Searching my heart for its true sorrow,
    This is the thing I find to be:
That I am weary of words and people,
    Sick of the city, wanting the sea;

Wanting the sticky, salty sweetness
    Of the strong wind and shattered spray;
Wanting the loud sound and the soft sound
    Of the big surf that breaks all day.

Always before about my dooryard,
    Marking the reach of the winter sea,
Rooted in sand and dragging drift-wood,
    Straggled the purple wild sweet-pea;

Always I climbed the wave at morning,
    Shook the sand from my shoes at night,
That now am caught beneath great buildings,
    Stricken with noise, confused with light.

If I could hear the green piles groaning
    Under the windy wooden piers,
See once again the bobbing barrels,
    And the black sticks that fence the weirs,

If I could see the weedy mussels
    Crusting the wrecked and rotting hulls,

EXILADA

Indago meu coração de tantos ais,
   E descubro o achaque elementar:
Estou farta das palavras e das pessoas,
   Farta da cidade, anseio pelo mar;

Cobiço a ternura salgada e pegajosa
   Do vento robusto e da vaporização;
Aspiro aos estardalhaços e às caladas
   Da onda incessante na arrebentação.

Sempre a um passo do meu quintal,
   Medindo as alturas do mar na invernada,
Enraizada n'areia, arrastando toco,
   Alheando a ervilha-de-cheiro purpurada;

Tanto galguei o mar todas as manhãs,
   E toda noite sacudia a areia do capuz,
Mas agora estou fincada entre os prédios,
   Salteada de barulho, embaçada pela luz.

Pudesse ainda ouvir a brioteca verdejante
   Gemer sob as estacas ventosas do cais,
Rever os barris balouçantes, e nos açudes
   Avistar gravetos brejosos uma vez mais.

Tornar a ver os mexilhões buliçosos
   Cravando, gorando cascos à beira-mar,

Hear once again the hungry crying
    Overhead, of the wheeling gulls,

Feel once again the shanty straining
    Under the turning of the tide,
Fear once again the rising freshet,
    Dread the bell in the fog outside,

I should be happy!—that was happy
    All day long on the coast of Maine!
I have a need to hold and handle
    Shells and anchors and ships again!

I should be happy... that am happy
    Never at all since I came here.
I am too long away from water.
    I have a need of water near.

Ouvir mais uma vez o grasnar faminto
   E sobranceiro de gaivotas a voltear.

Ressentir a pressão nas palafitas
   Com a cheia soberana,
Recear outra vez o degelo ascendente,
   Apavorar o sino enevoado da cabana —

Deveria estar feliz — como fui feliz
   Na costa do Maine diuturnamente!
Meu desejo é segurar, manusear
   Conchas, âncoras, barcos novamente!

Deveria estar feliz... feliz nunca mais
   Fui desde que este é meu lar.
Estou longe, tão longe da água.
   Desejo que a água seja meu par.

MEMORIAL TO D.C. (*VASSAR COLLEGE, 1918*)

Oh, loveliest throat of all sweet throats,
    Where now no more the music is,
With hands that wrote your little notes
    I write you little elegies!

MEMORIAL A D.C. (VASSAR COLLEGE, 1918)

Ah, garganta-estrela das melopeias,
 Onde o canto e a voz cerzias,
Mãos que a ti não redigiram epopeias
 Escrevem-te agora estas elegias!

I EPITAPH

Heap not on this mound
    Roses that she loved so well;
Why bewilder her with roses,
    That she cannot see or smell?

She is happy where she lies
    With the dust upon her eyes.

I EPITÁFIO

Não apinhe este montículo
   De rosas que ela amava;
Já não contempla nem aspira,
   Por que deixá-la brava?

Ela está feliz, deitada, só
   E sobre os olhos, o pó.

II PRAYER TO PERSEPHONE

Be to her, Persephone,
All the things I might not be;
Take her head upon your knee.
She that was so proud and wild,
Flippant, arrogant and free,
She that had no need of me,
Is a little lonely child
Lost in Hell,—Persephone,
Take her head upon your knee;
Say to her, «My dear, my dear,
It is not so dreadful here.»

II ORAÇÃO A PERSÉFONE

Dá a ela, Perséfone,
Tudo que não pude dar;
Deixa em teu colo repousar;
Ela era tão orgulhosa e arisca,
Petulante, grosseira e malandra.
Fui para ela nada, mera gandra.

É uma criancinha torpe e bisca
Perdida no Inferno — Perséfone,
Deixa em teu colo repousar;
E diz a ela: «Querida, querida,
Que mais queres da vida?».

III CHORUS

Give away her gowns,
Give away her shoes;
She has no more use
For her fragrant gowns;
Take them all down,
Blue, green, blue,
Lilac, pink, blue,
From their padded hangers;
She will dance no more
In her narrow shoes;
Sweep her narrow shoes
From the closet floor.

III REFRÃO

Doa os vestidos dela.
Doa seus sapatinhos;
Nunca mais será bela
Nesses vestidos de linho;
Deixa tudo na portela:
O anil, o verde, o azulzinho,
O lilás, o rosa, o azulzinho,
Adeus, cabides acolchoados!
Ela nunca mais dançará
Com estes sapatinhos;
Recolhe os sapatinhos
Com a vassoura e a pá.

IV DIRGE

Boys and girls that held her dear,
    Do your weeping now;
All you loved of her lies here.

Brought to earth the arrogant brow,
    And the withering tongue
Chastened; do your weeping now.

Sing whatever songs are sung,
    Wind whatever wreath,
For a playmate perished young,
    For a spirit spent in death.

Boys and girls that held her dear,
All you loved of her lies here.

IV NÊNIA

Rapazes e moças que a estimavam,
    Podem abrir o berreiro;
Aqui repousa o que nela amavam.

Jaz na terra aquele rosto altaneiro,
    E a língua destemida
Enfim castigada; abram o berreiro.

Cantem aquelas canções comovidas,
    Galanteiem com guirlandas gabarolas,
A manceba magnífica fez a partida,
    Mais uma alma se desarrola.

Rapazes e moças que a estimavam,
Aqui repousa o que nela amavam.

V ELEGY

Let them bury your big eyes
In the secret earth securely,
Your thin fingers, and your fair,
Soft, indefinite-colored hair,—
All of these in some way, surely,
From the secret earth shall rise;
Not for these I sit and stare,
Broken and bereft completely:
Your young flesh that sat so neatly
On your little bones will sweetly
Blossom in the air.

But your voice... never the rushing
Of a river underground,
Not the rising of the wind
In the trees before the rain,
Not the woodcock's watery call,
Not the note the white-throat utters,
Not the feet of children pushing
Yellow leaves along the gutters
In the blue and bitter fall,
Shall content my musing mind
For the beauty of that sound
That in no new way at all
Ever will be heard again.

Sweetly through the sappy stalk
Of the vigorous weed,

V ELEGIA

Permite que enterrem teus olhões
Na terra incógnita, em segurança,
Dedos longos, a cabeleira notória,
Venusta, macia, de cor transitória,
Pois tudo que é teu, sem parança,
Na terra incógnita volverá os grilhões:
Posto que tudo que é teu, não lamento,
Não enluto nem padeço a lembrança;
Tua carne terna, assentada feito trança
Sobre teus ossinhos, doce e mansa
Florescerá ao sabor vento.

Mas tua voz... nunca o corre-corre
De um rio para retornar à foz,
Mas a emergência do vento
Nas árvores antes da chuva, talvez.
Nem da galinhola o cacarejo ralo,
Ou o pipilo garganteado do taperá,
Nem crianças a induzir o porre
De folhas nas sarjetas violará
O acre aflito deste outono em cada talo;
Nada contentará minha contemplação,
Submersa na beleza do som da tua voz
Que nunca, jamais, e por isso me calo,
Será ouvida outra vez.

Terna ecoará no caule irrisório
Da erva daninha vigorosa,

Holding all it held before,
Cherished by the faithful sun,
On and on eternally
Shall your altered fluid run,
Bud and bloom and go to seed:
But your singing days are done;
But the music of your talk
Never shall the chemistry
Of the secret earth restore.
All your lovely words are spoken.
Once the ivory box is broken,
Beats the golden bird no more.

E proverá sua força primeira,
Estimada pelo sol, que zelará;
E para sempre, à eternidade,
O grão de tua voz se abismará,
Broto, rebento, semente gloriosa.
Mas teu canto, já mudo, findará.
E a melodia do teu falatório
Não restaura a idoneidade
Do grão da terra na leira.
Tuas palavras lindas, nossas, sem fim.
Pois uma vez açoitada a caixa de marfim,
O pardal dourado não fede nem cheira.

A balada da tecelã das harpas

The Ballad of the Harp-Weaver
1922

The Harp-Weaver, and Other Poems
1923

MY HEART, BEING HUNGRY

My heart, being hungry, feeds on food
    The fat of heart despise.
Beauty where beauty never stood,
    And sweet where no sweet lies
I gather to my querulous need,
    Having a growing heart to feed.

It may be, when my heart is dull,
    Having attained its girth,
I shall not find so beautiful
    The meagre shapes of earth,
Nor linger in the rain to mark
    The smell of tansy through the dark.

MEU CORAÇÃO, FAMINTO

Meu coração, faminto, come a comida
Cevada que o coração despreza.
Beleza onde a beleza é dirimida,
Ternura onde a ternura enfeza.
Aconchego meus queixumes,
O coração afia seus gumes.

Talvez, quando enfim empanturrado,
Tendo atingido sua corpulência,
Nunca mais será de meu agrado
O ínfimo da terra não terá valência.
Não poderei farejar na chuva
Nem no breu o aroma da cabriúva.

THREE SONGS FROM «THE LAMP AND THE BELL»

I

Oh, little rose tree, bloom!
Summer is nearly over.
The dahlias bleed, and the phlox is seed.
Nothing's left of the clover.
And the path of the poppy no one knows.
I would blossom if I were a rose.

Summer, for all your guile,
Will brown in a week to Autumn,
And launched leaves throw a shadow below
Over the brook's clear bottom,—
And the chariest bud the year can boast
Be brought to bloom by the chastening frost.

II

Beat me a crown of bluer metal;
    Fret it with stones of a foreign style:
The heart grows weary after a little
    Of what it loved for a little while.

Weave me a robe of richer fibre;
    Pattern its web with a rare device.
Give away to the child of a neighbor
    This gold gown I was glad in twice.

TRÊS CANTOS DE «O SINO E A LAMPARINA»

I

Oh, roseira miúda, floresça!
O verão é quase findo.
Dálias murcharam, mil-flores semearam.
O trevo não está mais florindo.
O destino da papoula é desconhecido.
Fosse eu botão de rosa, estaria me abrindo.

O verão, com sua argúcia,
Até o outono resplandecerá todo dia,
Folhas brotadas farão sombras desbotadas
Na translucidez funda que o riacho afia —
E o botão mais cauto da estação vai brasonar
Ao irromper sob uma geada de lascar.

II

Zurza-me o azulão de uma coroa;
    Craveja-lhe pedraria estrangeira:
O coração esgota em decorrência
    De afeição custosa e ligeira.

Tece-me um manto de fibra suntuosa;
    Estampa na trama um emblema raro.
A uma criança das redondezas dá
    Este fato dourado que me foi tão caro.

But buy me a singer to sing one song—
    Song about nothing—song about sheep—
Over and over, all day long;
    Patch me again my thread-bare sleep.

III

Rain comes down
And hushes the town.
And where is the voice that I heard crying?

Snow settles
Over the nettles.
Where is the voice that I heard crying?

Sand at last
On the drifting mast.
And where is the voice that I heard crying?

Earth now
On the busy brow.
And where is the voice that I heard crying?

Traz um cantor para cantar uma canção —
    Que cante o nada — que cante as ovelhas—
Ladainha, lenga-lenga, cantochão;
    Remenda este sono sem fio e sem telhas.

III

Vem tempestade
E silencia a cidade.
E por onde soa a voz que ouvi chorar?

A neve fustiga
O canteiro de urtiga.
E por onde vibra a voz que ouvi chorar?

Enfim a areia
O mastro lastreia.
E por onde pulsa a voz que ouvi chorar?

A terra vexa
A testa perplexa.
E por onde ecoa a voz que ouvi chorar?

FEAST

I drank at every vine.
    The last was like the first.
I came upon no wine
    So wonderful as thirst.

I gnawed at every root.
    I ate of every plant.
I came upon no fruit
    So wonderful as want.

Feed the grape and bean
    To the vintner and monger;
I will lie down lean
    With my thirst and my hunger.

BANQUETE

    De cada vinha, um golinho.
       Do último ao primeiro fiz caber.
  Mas não encontrei um só vinho
     Melhor que a vontade de beber.

    Roí cada raiz ao pé de cada gruta.
      Toda planta eu quis morder.
    Mas não encontrei uma só fruta
      Melhor que a vontade de comer.

    Distribuí uva e feijão
      Ao vinicultor, ao quitandeiro;
  Agora faquir, adormeço no chão,
     Sede e fome o dia inteiro.

DEPARTURE

It's little I care what path I take,
And where it leads it's little I care;
But out of this house, lest my heart break,
I must go, and off somewhere.

It's little I know what's in my heart,
What's in my mind it's little I know,
But there's that in me must up and start,
And it's little I care where my feet go.

I wish I could walk for a day and a night,
And find me at dawn in a desolate place
With never the rut of a road in sight,
Nor the roof of a house, nor the eyes of a face.

I wish I could walk till my blood should spout,
And drop me, never to stir again,
On a shore that is wide, for the tide is out,
And the weedy rocks are bare to the rain.

But dump or dock, where the path I take
Brings up, it's little enough I care;
And it's little I'd mind the fuss they'll make,
Huddled dead in a ditch somewhere.

«Is something the matter, dear,» she said,
«That you sit at your work so silently?»

PARTIDA

Pouco importa o caminho que sigo,
E para onde vou importa menos ainda;
Mas passa ao largo desta casa o que persigo,
Meu coração chama, e a estrada é bem-vinda.

Pouco importa o que sei de cor,
O que minha cabeça aporta, eu sei, é nada,
Mas há qualquer coisa de avante e maior,
Importam pouco os pés nesta jornada.

Queria caminhar uma noite e um dia
E na aurora me achar em lugar desolado
Alheia aos sulcos de uma senda ou via,
Ao teto de uma casa, a um rosto cismado.

Queria caminhar até meu sangue jorrar,
E cair de fraca, e virar um espantalho,
Na maré baixa, em costa ampla de mar,
Onde a rocha daninhada recebe o orvalho.

No charco ou no cais, ou seja lá o destino
Que me aguarda, valem nada os caprichos;
Menos ainda o estardalhaço, se descortino
Corpos mortos, bichos amontados no lixo.

Ela disse: «O que há, minha querida,
Que você trabalha tão concentrada?»

*« No, mother, no, 'twas a knot in my thread.
There goes the kettle, I'll make the tea. »*

«Não é nada, mamãe, coisas da vida.
Vou fazer um chá, perdi o fio da meada».

A VISIT TO THE ASYLUM

Once from a big, big building,
When I was small, small,
The queer folk in the windows
Would smile at me and call.

And in the hard wee gardens
Such pleasant men would hoe:
«Sir, may we touch the little girl's hair!»—
It was so red, you know.

They cut me colored asters
With shears so sharp and neat,
They brought me grapes and plums and pears
And pretty cakes to eat.

And out of all the windows,
No matter where we went,
The merriest eyes would follow me
And make me compliment.

There were a thousand windows,
All latticed up and down.
And up to all the windows,
When we went back to town,

The queer folk put their faces,
As gentle as could be;

UMA VISITA AO MANICÔMIO

Uma vez, dum edifício enorme,
Eu era pequena, tamanico de um botão,
Os loucos, nas janelas, me sorriam,
gritavam balançando a mão.

E nos canteirinhos de cimento
Homens simpáticos carpiam:
«Podemos tocar o cabelo da garotinha?» —
Era tão vermelho, todos viam.

Me ofertaram ásteres coloridos
Tirados com tesoura afiada de doer,
E me deram uvas e ameixas e peras
E lindas tortas para comer.

E de todas as janelas,
Não importava nosso trajeto,
Aqueles olhos alegres me seguiam,
Jogavam beijos e afeto.

Ali havia um milhar de janelas,
Treliçadas sem vontade.
E debruçados sobre as janelas
Quando voltamos pra cidade,

Os loucos mostraram seus rostos,
Tão gentis, tão amáveis ao gritar:

«Come again, little girl!» they called, and I
Called back, «You come see me!»

«Volte logo e sempre, garotinha!»,
Gritei de volta: «Vão me visitar!».

THE CURSE

Oh, lay my ashes on the wind
That blows across the sea.
And I shall meet a fisherm an
Out of Capri,

And he will say, seeing me,
«What a strange thing!
Like a fish's scale or a
Butterfly's wing.»

Oh, lay my ashes on the wind
That blows away the fog.
And I shall meet a farmer boy
Leaping through the bog,

And he will say, seeing me,
«What a strange thing!
Like a peat-ash or a
Butterfly's wing.»

And I shall blow to your house
And, sucked against the pane,
See you take your sewing up
And lay it down again.

And you will say, seeing me,
«What a strange thing!

MALDIÇÃO

Ah, joga minhas cinzas ao vento
Que sopra e trespassa o mar.
E assim encontrarei o pescador
Que está em Capri a fisgar,

E ele dirá, ao me ver,
«Mas que ser mais espoleta!
Parece escama de peixe
Ou asa de borboleta.»

Ah, deita minhas cinzas ao vento
Que sopra e transpassa a neblina.
E assim encontro o fazendeiro
Pulando brejo na surdina.

E ele dirá, ao me ver,
«Mas que ser mais espoleta!
Parece torrão de turfa
Ou asa de borboleta.»

Lá vou eu soprando à tua casa
E baforo a vidraça sem pressa,
Te vejo levantar o remendo
E olhas, abaixas, recomeças.

E dirás, ao me ver pelo vidro
«Mas que ser mais espoleta!

Like a plum petal or a
Butterfly's wing.»

And none at all will know me
That knew me well before.
But I will settle at the root
That climbs about your door,

And fishermen and farmers
May see me and forget,
But I'll be a bitter berry
In your brewing yet.

Parece pétala de ameixa
Ou asa de borboleta.»

E ninguém reconhecerá
O que meu ser agora comporta.
Mas grudarei na raiz fincada,
Crescerei enroscada à tua porta.

E pescadores e fazendeiros
Avistando-me, esquecerão,
Mas serei o fruto amargo
De qualquer fermentação.

THE POND

In this pond of placid water,
    Half a hundred years ago,
So they say, a farmer's daughter,
    Jilted by her farmer beau,

Waded out among the rushes,
    Scattering the blue dragon-flies;
That dried stick the ripple washes
    Marks the spot, I should surmise.

Think, so near the public highway,
    Well frequented even then!
Can you not conceive the sly way,—
    Hearing wheels or seeing men

Passing on the road above,—
    With a gesture feigned and silly,
Ere she drowned herself for love,
    She would reach to pluck a lily?

O LAGO

Há meio século, era uma vez
    Neste lago de poucas feras,
A filha de um camponês,
    Foi abandonada pelo paquera,

E vagueou pelos juncos,
    Dispersando libélulas azuladas;
Aquele toco seco, suponho adulado
    Pela água, marca a debandada.

Imagina só, tão perto da passagem,
    Mais bem frequentada dos rincões!
Mas nem podes conceber vantagem
    Ao ouvir carroças ou avistar varões

Na estrada logo acima, sem classe,
    Gesticulando tolice e delírio,
Antes que ela por amor se afogasse,
    Tentara quiçá deplumar um lírio?

THE BALLAD OF THE HARP-WEAVER

«Son,» said my mother,
    When I was knee-high,
«You've need of clothes to cover you,
    And not a rag have I.

«There's nothing in the house
    To make a boy breeches,
Nor shears to cut a cloth with
    Nor thread to take stitches.

«There's nothing in the house
    But a loaf-end of rye,
And a harp with a woman's head
    Nobody will buy,»
And she began to cry.

That was in the early fall.
    When came the late fall,
«Son,» she said, «the sight of you
    Makes your mother's blood crawl,—

«Little skinny shoulder-blades
    Sticking through your clothes!
And where you'll get a jacket from
    God above knows.

«It's lucky for me, lad,
    Your daddy's in the ground,

A BALADA DA TECELÃ DAS HARPAS

«Filho», disse mamãe, inda eu
    Batia no joelho dela,
«Você carece da roupa do corpo,
    E eu não tenho nem tramela.

«Quincasa tem nadinha de nada
    Pra coser uma calça curta,
Nem linha pro alinhavo,
    Nem tesoura de costura.

«Quincasa tem nadinha de nada
    Só uma lasca de pão duro,
E a harpa com cara de mulher
    Que ninguém dá futuro»,
E caiu num choro puro.

O outono acabava de chegar.
    Quando o outono ia arredar,
Ela disse: «Filho, tua visage
    Faz o sangue da mãe rastejar,

«Umas crina de omoplata
    Furando teus trapinho!
E onde arranjar um capote
    Só Deus sabe o caminho.

«Rapaz, nem tudo é fado,
    Pois teu pai está na lida,

And can't see the way I let
    His son go around!»
And she made a queer sound.

That was in the late fall.
    When the winter came,
I'd not a pair of breeches
    Nor a shirt to my name.

I couldn't go to school,
    Or out of doors to play.
And all the other little boys
    Passed our way.

«Son,» said my mother,
    «Come, climb into my lap,
And I'll chafe your little bones
    While you take a nap.»

And, oh, but we were silly
    For half an hour or more,
Me with my long legs
    Dragging on the floor,

A-rock-rock-rocking
    To a mother-goose rhyme!
Oh, but we were happy
    For half an hour's time!

Vai nem saber o estado
    Que ocê anda pela vida!»
E murmurou, roída.

O outono tinha arredado.
    Veio então o inverno,
Calça curta eu não tinha,
    Nem camisa ou caderno.

Pra escola não podia ir,
    Nem brincar na viela.
Mas espiava os moleques
    Passando na janela.

«Filho», disse mamãe,
    «Deita aqui, meu grilo,
Que te faço um cafuné
    E você tira um cochilo».

Ah, colo de mãe é tão bom,
    Cheiro, gargalhada, calão,
Meus pernão dependurado
    Varrendo e varrendo o chão.

Preda predegulho predegoso
    Já dizia o cantador!
Nós dois alongando na rima
    Pra módi espantar a dor!

But there was I, a great boy,
    And what would folks say
To hear my mother singing me
    To sleep all day,
    In such a daft way?

Men say the winter
    Was bad that year;
Fuel was scarce,
    And food was dear.

A wind with a wolf's head
    Howled about our door,
And we burned up the chairs
    And sat upon the floor.

All that was left us
    Was a chair we couldn't break,
And the harp with a woman's head
    Nobody would take,
For song or pity's sake.

The night before Christmas
    I cried with the cold,
I cried myself to sleep
    Like a two-year-old.

And in the deep night
    I felt my mother rise,

Eu já era um marmanjão,
    E que diriam as candinhas
Ao ouvir mamãe contar
Histórias da carochinha,
Preu tirar uma sonequinha?

Diz que aquele inverno
    Foi duro de lascar.
Faltou até querosene,
Comer era só beliscar.

Um vento com cara de cão
    Ladrou nossa moradia,
Furiamos as cadeiras
E na soleira ele zumbia.

E tudo que restou
    Foi a cadeira de estimação,
E a harpa com cara de mulher
    Que ninguém faria pregão,
Nem a Deus louvação.

Na véspera daquele Natal
    Eu chorei de friagem,
Chorei até pegar no sono
    E de mim bebê fui pajem.

E na alta madrugada
    Mamãe levantou cansada,

And stare down upon me
    With love in her eyes.

I saw my mother sitting
    On the one good chair,
A light falling on her
    From I couldn't tell where,

Looking nineteen,
    And not a day older,
And the harp with a woman's head
    Leaned against her shoulder.

Her thin fingers, moving
    In the thin, tall strings,
Were weav-weav-weaving
    Wonderful things.

Many bright threads,
    From where I couldn't see,
Were running through the harp-strings
    Rapidly,

And gold threads whistling
    Through my mother's hand.
I saw the web grow,
    And the pattern expand.

She wove a child's jacket,
    And when it was done

E me velou ao pé da cama
　　Com seus olhos de florada.

Depois resolveu sentar
　　Na cadeira que restava,
Enfeixada por um lume
　　Que não sei donde brotava,

Parecia jovem moça,
　　Dezenove primaveras,
E a harpa com cara de mulher
　　Em seu ombro, tão austera.

Dedos espichados, grã por grã
　　Nas cordas finas, estendidas,
Latejavam lã-lã-lã-tecelã
　　Teciam belezas concedidas.

Dali o fulgor emanava,
　　Alheio à minha visão,
E corria, repassava as cordas,
　　Parecia um verão,

As cordas áureas silvavam
　　Nos dedos de minha mãe.
Vi a trama na urdidura,
　　Vir à luz no vaivém.

Teceu um casaquinho
　　Num minuto ou dois,

She laid it on the floor
    And wove another one.

She wove a red cloak
    So regal to see,
«She's made it for a king's son,»
    I said, «and not for me.»
    But I knew it was for me.

She wove a pair of breeches
    Quicker than that!
She wove a pair of boots
    And a little cocked hat.

She wove a pair of mittens,
    She wove a little blouse,
She wove all night
    In the still, cold house.

She sang as she worked,
    And the harp-strings spoke;
Her voice never faltered,
    And the thread never broke.
And when I awoke,—

There sat my mother
    With the harp against her shoulder,
Looking nineteen
    And not a day older,

Estirou no chão e teceu
    Mais outro logo depois.

Teceu um manto vermelho
    Suntuoso até no breu.
«Fez prum filho de rei,
    Pra mim não», disse eu.
Mas sabia que era meu.

Ela teceu uma calça curta
    Com precisão de gilete!
Teceu um par de botas,
    E um jeitoso casquete.

Teceu um par de mitenes,
    Teceu uma blusa de gaza,
Teceu, teceu noite afora
    No desamparo da casa.

Enquanto tecia, cantava,
    As cordas faziam dueto;
Sua voz acompanhava,
    E as linhas num coreto.
Então acordei, faceto —

Lá estava mamãe
    E em seu ombro, tão austera,
A harpa com cara de mulher
    Dezenove primaveras,

A smile about her lips,
    And a light about her head,
And her hands in the harp-strings
    Frozen dead.

And piled up beside her
    And toppling to the skies,
Were the clothes of a king's son,
    Just my size.

Um sorrisão nos lábios,
    A cabeça iluminada,
As mãos nas cordas
    Da harpa, congeladas.

E a seu lado uma montanha
    À beira do desabe:
Trajes prum filho de rei,
    Do tamanho que me cabe.

TO ONE WHO MIGHT HAVE BORNE A MESSAGE

Had I known that you were going
I would have given you messages for her,
Now two years dead,
Whom I shall always love.

As it is, should she entreat you how it goes with me,
You must reply, as well as with most, you fancy;
That I love easily, and pass the time.

And she will not know how all day long between
My life and me her shadow intervenes,
A young thin girl,
Wearing a white skirt and a purple sweater
And a narrow pale blue ribbon about her hair.

I used to say to her, «I love you
Because your face is such a pretty color,
No other reason.»
But it was not true.

Oh, had I only known that you were going,
I could have given you messages for her!

A QUEM LEVA UM RECADO NO EMBORNAL

Soubesse que estavas de partida
Enviava alguns recados para ela,
Que fez agora dois anos de morta,
E a quem sempre amarei.

Assim, é provável que implore por notícias minhas,
Diz que vou bem e nada presta, como toda gente;
Que amo a toda hora, e o tempo passa.

E ela jamais intuirá como são meus dias
Sob a sombra dela, mediando minha vida.
Uma garotinha magricela,
De saia branca e suéter roxo
Com um fitilho azul claro no cabelo.

Eu dizia a ela, «Eu te amo
Porque seu rosto é da cor da beleza
E a beleza não tem razão».
Mas era mentira.

Ah, soubesse que estavas de partida,
Enviava alguns recados para ela!

Sonetos de
A balada da tecelã das harpas

The Harp-Weaver, and Other Poems

1923

XXIV WHEN YOU, THAT AT THIS MOMENT

When you, that at this moment are to me
Dearer than words on paper, shall depart,
And be no more the warder of my heart,
Whereof again myself shall hold the key;
And be no more — what now you seem to be —
The sun, from which all excellences start
In a round nimbus, nor a broken dart
Of moonlight, even, splintered on the sea;
I shall remember only of this hour —
And weep somewhat, as now you see me weep —
The pathos of your love, that, like a flower,
Fearful of death yet amorous of sleep,
Droops for a moment and beholds, dismayed,
The wind whereon its petals shall be laid.

XXIV QUANDO TU, QUE AGORA ÉS

Quando tu, que agora és mais suave
E amado que estas palavras, queimar chão,
E deixar o posto de sentinela do meu coração,
Que de meu peito eu consiga reaver a chave;
E deixar o posto — que de ti agora é enclave —
De sol que pare a perfeição total
Na voluta de um nimbo, e o do arpão
Fugitivo do luar que no mar se agrave;
Vou me lembrar somente desta hora,
E lamentar sem alarde — este choro do abandono —
A brevidade do teu amor, como a flor na aurora,
Que teme a morte, mas é inebriada pelo sono,
E pende, se demora e contempla, desconsolada,
A brisa que lhe atravessa as pétalas na murada.

XXV THAT LOVE AT LENGTH SHOULD FIND

That Love at length should find me out and bring
This fierce and trivial brow unto the dust,
Is, after all, I must confess, but just;
There is a subtle beauty in this thing,
A wry perfection; wherefore now let sing
All voices how into my throat is thrust,
Unwelcome as Death's own, Love's bitter crust,
All criers proclaim it, and all steeples ring.
This being done, there let the matter rest.
What more remains is neither here nor there.
That you requite me not is plain to see;
Myself your slave herein have I confessed:
Thus far, indeed, the world may mock at me;
But if I suffer, it is my own affair.

XXV É CERTO QUE O AMOR HÁ DE VIR

É certo que o Amor há de vir em meu encalço
E reduzir esta fronte bravia e banal a pó,
Justiça seja feita, afinal, tenha dó.
Há neste ato um encanto falso,
Uma perfeição mordaz; montem um cadafalso
Para tanta voz que força minha garganta,
Inoportuna como a Morte, do Amor a dura manta,
Cafonas a proclamam, sinos ecoam seu tom salso.
Assim feito, deixemos o assunto de lado.
O que perdura não é meu nem é teu.
Que não sou correspondida, soube enfim;
Eu, tua escrava disse e agora brado:
Não importa que o mundo caçoe de mim;
Sofrida ou não, o problema é meu.

XXVI LOVE IS NOT BLIND

Love is not blind. I see with single eye
Your ugliness and other women's grace.
I know the imperfection of your face,—
The eyes too wide apart, the brow too high
For beauty. Learned from earliest youth am I
In loveliness, and cannot so erase
Its letters from my mind, that I may trace
You faultless, I must love until I die.
More subtle is the sovereignty of love:
So am I caught that when I say, «Not fair,»
'Tis but as if I said, «Not here—not there—
Not risen—not writing letters.» Well I know
What is this beauty men are babbling of;
I wonder only why they prize it so.

XXVI O AMOR NÃO É CEGO

O amor não é cego. Relanceio mas vejo
Tua feiura e o garbo de outras damas.
Reconheço em teu rosto os dramas —
A disjunção dos olhos, na testa o pejo
Da forma. Na mocidade ganhei traquejo,
Soube amar o amor; é adverso à sua fama
Dissipar-lhe os teores, então sigo a chama
Virtuosa, e devo amar até o último ensejo.
Mais sutil é a soberania do amor:
Assim me flagro quando digo «Injusto»,
Acaso dissesse «Ali, ousadia, lá, susto —
Sublime não, sem remetente». Conheço
A beleza de que papagueiam com humor;
Mas não sei por que lhe têm tanto apreço.

XXVII I KNOW I AM BUT SUMMER

I know I am but summer to your heart,
And not the full four seasons of the year;
And you must welcome from another part
Such noble moods as are not mine, my dear.
No gracious weight of golden fruits to sell
Have I, nor any wise and wintry thing;
And I have loved you all too long and well
To carry still the high sweet breast of Spring.
Wherefore I say: O love, as summer goes,
I must be gone, steal forth with silent drums,
That you may hail anew the bird and rose
When I come back to you, as summer comes.
Else will you seek, at some not distant time,
Even your summer in another clime.

XXVII SEI QUE SOU VERANICO

Sei que sou veranico para teu coração,
As quatro estações do ano não te convêm.
E que tu acenas e gracejas, em proporção,
Com nobrezas nada minhas, meu bem.
Não tenho a cortesia das frutas sazonais,
Nem a sabedoria invernal que pondera;
Ainda assim te amei muito e sem mais
Sucumbi à fartura e frescor da primavera.
Ouve, benzinho: quando o verão terminar,
Devo partir e vaguear com o tambor silente,
Para que tornes a encantar o pássaro e atinar
Que volto a teus braços no verão corrente.
Do contrário, remendarás o que estimas —
Remendarás o verão e seus microclimas.

XXXI OH, OH, YOU WILL BE SORRY FOR THAT WORD!

Oh, oh, you will be sorry for that word!
Give back my book and take my kiss instead.
Was it my enemy or my friend I heard,
«What a big book for such a little head!»
Come, I will show you now my newest hat,
And you may watch me purse my mouth and prink!
Oh, shall love you still, and all of that.
I never again shall tell you what I think.
I shall be sweet and crafty, soft and sly;
You will not catch me reading any more:
I shall be called a wife to pattern by;
And some day when you knock and push the door,
Some sane day, not too bright and not too stormy,
I shall be gone, and you may whistle for me.

XXXI AH, MAS TU VAIS ENGOLIR ESSA PALAVRA!

Ah, mas tu vais engolir essa palavra!
Devolve meu livro e toma lá esse beijico.
Inimizade ou amizade cantou-me a lavra:
«Mas que livrão, cabeça de jerico!»
Pois eis aqui meu novíssimo chapéu,
Vê, sei fazer beicinho, toda embonecada!
Ah, meu amor não acabou, mas está ao léu.
Se digo o que penso, receberás como facada.
Serei doçura, habilidade, dengo e malícia;
Agarrada num livro só depois de morta:
Serei a esposa modelo, a fictícia;
E dia desses, quando bateres e abrires a porta,
Um dia sensato, nem ventania nem soalheira,
Já dei no pé, assobia que estarei solteira.

XXXVIII THE LIGHT COMES BACK

The light comes back with Columbine; she brings
A touch of this, a little touch of that,
Coloured confetti, and a favour hat,
Patches, and powder, dolls that work by strings
And moons that work by switches, all the things
That please a sick man's fancy, and a flat
Spry convalescent kiss, and a small pat
Upon the pillow,—paper offerings.
The light goes out with her; the shadows sprawl.
Where she has left her fragrance like a shawl
I lie alone and pluck the counterpane,
Or on a dizzy elbow rise and hark—
And down like dominoes along the dark
Her little silly laughter spills again!

XXXVIII A ERVA-POMBINHA TRAZ

A erva-pombinha traz a manhã; e vem com ela
Um carinho aqui, outro acolá, ali uma gavinha,
Confete colorido, e uma boina carapinha,
Canteiros, poeira, bonecos de fantoche,
Luas movidas a interruptores, broches
Que encantam um doente, uma bitoquinha
Estalada de convalescença, e um tapinha
No travesseiro — oferendas de papel.
Erva-pombinha arreda a tarde; vem a escuridão.
Seu perfume é um xale esquecido sobre o chão.
Então me deito e puxo a mantilha —
Ou me esgueiro, levanto e ouço o plim
De dominós tombados abrindo a trilha —
Para a risota dela avançar sobre mim!

XLI I, BEING BORN A WOMAN AND DISTRESSED

I, being born a woman and distressed
By all the needs and notions of my kind,
Am urged by your propinquity to find
Your person fair, and feel a certain zest
To bear your body's weight upon my breast:
So subtly is the fume of life designed,
To clarify the pulse and cloud the mind,
And leave me once again undone, possessed.
Think not for this, however, the poor treason
Of my stout blood against my staggering brain,
I shall remember you with love, or season
My scorn with pity, — let me make it plain:
I find this frenzy insufficient reason
For conversation when we meet again.

XLI EU, POR TER NASCIDO MULHER

Eu, por ter nascido mulher e ser atormentada
Pelo que da espécie afaz-se impor ou instar,
Sou encorajada, por confinidade, a achar
Que tua pessoa é justa, e me vejo arrebatada
Ao firmar em meu peito tua carne pesada:
Tão sutis os vapores da vida, de par em par
Elucidam a pulsão, botam a mente enevoada,
E mais uma vez sou possuída, desorientada.
Desconsidera; pois apesar da reles conivência
Do sangue vigoroso com o cérebro vertiginoso,
Me lembrarei de ti com amor, ou por dormência
Combinarei desprezo e piedade. Lhufas capcioso:
Esse frenesi não tem em conta a imprudência
De trocarmos palavras num encontro saudoso.

XLII WHAT LIPS MY LIPS HAVE KISSED

What lips my lips have kissed, and where, and why,
I have forgotten, and what arms have lain
Under my head till morning; but the rain
Is full of ghosts to-night, that tap and sigh
Upon the glass and listen for reply,
And in my heart there stirs a quiet pain
For unremembered lads that not again
Will turn to me at midnight with a cry.
Thus in the winter stands the lonely tree,
Nor knows what birds have vanished one by one,
Yet knows its boughs more silent than before:
I cannot say what loves have come and gone,
I only know that summer sang in me
A little while, that in me sings no more.

XLII QUE BOCAS MINHA BOCA BEIJOU

Que bocas minha boca beijou, onde e por que motivo,
Não lembro, que braços me acolheram de pernoite
Como travesseiro até raiar o dia; porém, essa noite
O chuvisco é fantasmático, batuca e cicia furtivo
Contra a janela e aguarda um incentivo;
Em meu coração a dor salta feito um coice
Ao relembrar os rapazes que, à meia-noite,
Nunca mais me caçarão no grito.
Solitária, assim, é uma árvore na invernada,
Dispersa dos pardais que partiram em cordão,
Mas que reconhece seus galhos silenciosos;
Não posso afirmar que amores vêm e vão,
Sei que do verão já ouvi a cantoria afinada
E breve, mas ensurdeci a seus tons dengosos.

XLIII STILL WILL I HARVEST BEAUTY

Still will I harvest beauty where it grows:
In coloured fungus and the spotted fog
Surprised on foods forgotten; in ditch and bog
Filmed brilliant with irregular rainbows
Of rust and oil, where half a city throws
Its empty tins; and in some spongy log
Whence headlong leaps the oozy emerald frog...
And a black pupil in the green scum shows.
Her the inhabiter of divers places
Surmising at all doors, I push them all.
Oh, you that fearful of a creaking hinge
Turn back forevermore with craven faces,
I tell you Beauty bears an ultra fringe
Unguessed of you upon her gossamer shawl!

XLIII COLHEREI A BELEZA

Colherei a beleza onde ainda medra como tal:
No fungo irisante e no laivo brumoso
Das comidas esquecidas; na vala e no brejoso
Iridescente de um arco-íris desigual,
Nutante de óleo e óxido, onde a urbe, imparcial,
Arremessa latas vazias; num tronco esponjoso
Onde a rã esmeraldina, num salto untuoso,
Arregala a pupila de breu na espuma vegetal.
Ela que é habitante de qualquer canto
E intui todas as portas; abro-as com cuidado.
Ó tu que temes uma dobradiça rangente
E sempre retornas com o rosto do espanto,
Digo-te: a Beleza tem uma franja evidente
E insuspeita a ti, sob um xale delicado!

XLV EUCLID ALONE HAS LOOKED ON BEAUTY BARE

Euclid alone has looked on Beauty bare.
Let all who prate of Beauty hold their peace,
And lay them prone upon the earth and cease
To ponder on themselves, the while they stare
At nothing, intricately drawn nowhere
In shapes of shifting lineage; let geese
Gabble and hiss, but heroes seek release
From dusty bondage into luminous air.
O blinding hour, O holy, terrible day,
When first the shaft into his vision shone
Of light anatomized! Euclid alone
Has looked on Beauty bare. Fortunate they
Who, though once only and then but far away,
Have heard her massive sandal set on stone.

XLV SÓ EUCLIDES ATINOU A BELEZA

Só Euclides atinou a Beleza nua e crua.
Os que papagueiam a Beleza que se calem,
E se deitem de bruços sobre a terra e parem
De refletir sobre si mesmos, ao passo que flutua
O nada intrincado, modelado, e que se insinua
Nas formas mutantes; que os gansos galrem
E silvem, calem os heróis, deixa que assolem
O cativeiro empoeirado à aura luminosa e pua.
Ó lume que cega, sagrado aquele dia terrível,
Quando a primeira chispa rebrilhou e se mantém
Na visão dissecada! Só Euclides, mais ninguém
Atinou a Beleza nua e crua. Para alguns foi possível
A sorte de uma vez ou duas, e de um outro nível,
Vislumbrar a sandália que da pedra se obtém.

«A árvore sem enxerto»,
A balada da tecelã das harpas, v

*«Ungrafted Tree»,
The Ballad of the Harp-Weaver*, v

III SHE FILLED HER ARMS WITH WOOD

She filled her arms with wood, and set her chin
Forward, to hold the highest stick in place,
No less afraid than she had always been
Of spiders up her arms and on her face,
But too impatient for a careful search
Or a less heavy loading, from the heap
Selecting hastily small sticks of birch,
For their curled bark, that instantly will leap
Into a blaze, nor thinking to return
Some day, distracted, as of old, to find
Smooth, heavy, round, green logs with a wet, gray rind
Only, and knotty chunks that will not burn,
(That day when dust is on the wood-box floor,
And some old catalogue, and a brown, shriveled
apple core).

III ELA CATOU UMA BRAÇADA DE GRAVETOS

Ela catou uma braçada de gravetos; esticado
O queixo para equilibrar o mais alto do maço,
Ainda mais temerosa que o pavor arraigado
De aranhas cruzando-lhe rosto e braços,
Mas impaciente para vasculhar o celeiro
Ou para livrar-se do peso, do montante
Separou às pressas galhinhos de vidoeiro,
Por terem a casca encaracolada, e arfantes
Pererecarem no fogo, não pensou que voltaria um dia,
Distraída — como tinha andado — para encontrar caída
A tora macia, bojuda e verde, de casca cinza e macia,
Umedecida e nodosa, que ao fogo resista.
(Dias em que banza no chão de tábuas a poeira vã
E resta uma brochura antiga, e o caroço acastanhado,
enrugado da maçã.)

VII ONE WAY THERE WAS

One way there was of muting in the mind
A little while the ever-clamorous care;
And there was rapture, of a decent kind,
In making mean and ugly objects fair:
Soft-sooted kettle-bottoms, that had been
Time after time set in above the fire,
Faucets, and candlesticks, corroded green,
To mine again from quarry; to attire
The shelves in paper petticoats, and tack
New oilcloth in the ringed-and-rotten's place,
Polish the stove till you could see your face,
And after nightfall rear an aching back
In a changed kitchen, bright as a new pin,
An advertisement, far too fine to cook a supper in.

VII JUSTO SERIA ACALMAR

Justo seria acalmar na mente a diligência,
A guarda contínua e queixosa da cautela;
Havia êxtase — o que molda a decência —
De peneirar a beleza da mazela:
Fundos de chaleiras enfulijadas, à sorte
Do fogo, num intermitente fervilhar,
Torneiras, e castiçais, à corrosão desnorte,
Para reextrai-los do ferro das pedreiras; forrar
As prateleiras com anáguas de papel, e cobrir
De linóleo os furos podres e as rugas aneladas,
Polir o fogão até que vejas tua face espelhada,
E na boca da noite contrapor a dor e aplaudir
Uma cozinha nova, reluzente feito grampo,
Que distinta acanha a preparação de um rango.

X SHE HAD FORGOTTEN

She had forgotten how the August night
Was level as a lake beneath the moon,
In which she swam a little, losing sight
Of shore; and how the boy, that was at noon
Simple enough, not different from the rest,
Wore now a pleasant mystery as he went,
Which seemed to her an honest enough test
Whether she loved him, and she was content.
So loud, so loud the million crickets' choir...
So sweet the night, so long-drawn-out and late...
And if the man were not her spirit's mate,
Why was her body sluggish with desire?
Stark on the open field the moonlight fell,
But the oak tree's shadow was deep and black and
secret as a well.

X JÁ SE ESQUECERA

Já se esquecera como as noites de agosto
Eram niveladas como um lago sob o luar,
No qual breve nadara, em sentido oposto
À costa; e do rapaz, ao meio-dia a grulhar
Sua banalidade, igual a todos os rapazes,
Agora caminhava permeado de mistério,
Uma prova das mais honestas e sagazes
Para saber se o amava, se o caso era sério.
Tão alto soava o coral de grilos em arquejo...
Tão doce a noite, tão vasta e arrastada...
E se o rapaz não era sua alma encantada,
Por que seu corpo preguiçava de desejo?
O luar mergulhou na clareira da campina,
Mas a sombra do carvalho se embrenhava
pela noite, também oculta, na surdina.

O cervo sob a neve

The Buck in the Snow

1928

SONG

Gone, gone again is Summer the lovely.
    She that knew not where to hide,
Is gone again like a jeweled fish from the hand,
    Is lost on every side.

Mute, mute, I make my way to the garden,
    Thither where she last was seen;
The heavy foot of the frost is on the flags there,
    Where her light step has been.

Gone, gone again is Summer the lovely,
    Gone again on every side,
Lost again like a shining fish from the hand
    Into the shadowy tide.

CANÇÃO

Lá vai, vai de novo Verão, gostosura.
   Ela que nunca teve esconderijo,
Vai feito peixe solúvel, escapole da mão,
   Debate-se no mole e no rijo.

Calada, muda, vou desbravar o jardim.
   Circunscrevo seu último paradeiro;
Dentadas fundas no gelo sinalizam
   Suas pegadas de dândi no canteiro.

Lá vai, vai de novo Verão, gostosura.
   Debatendo-se no rijo e no mole,
Flagrado vai peixe, joiado e suicida
   Toma o breu da maré num gole.

TO A FRIEND ESTRANGED FROM ME

Now goes under, and I watch it go under, the sun
That will not rise again.
Today has seen the setting, in your eyes cold and senseless
    [as the sea,
Of friendship better than bread, and of bright charity
That lifts a man a little above the beasts that run.

That this could be!
That I should live to see
Most vulgar Pride, that stale obstreperous clown,
So fitted out with purple robe and crown
To stand among his betters! Face to face
With outraged me in this once holy place,
Where Wisdom was a favoured guest and hunted
Truth was harboured out of danger,
He bulks enthroned, a lewd, as insupportable stranger!

I would have sworn, indeed I swore it:
The hills may shift, the waters may decline,
Winter may twist the stem from the twig that bore it,
But never your love from me, your hand from mine.

Now goes under the sun, and I watch it go under.
Farewell, sweet light, great wonder!
You, too, farewell,—but fare not well enough to dream
You have done wisely to invite the night before the darkness
    came.

A UM AMIGO AFASTADO DE MIM

Agora afunda, e vejo afundar, o sol
Que nunca mais nascerá.
O dia viu a queda, sob a frieza insensata dos teus olhos de mar,
De amizade melhor que pão, de caridade generosa e sem par
Que, em meio às feras, realça um homem em seu escol.

Bastava imaginar!
Viver para ver e adorar
O paspalhão orgulhoso, palhaço insosso e atrapalhado
Com sua túnica roxa, de coroa, todo montado
E súdito de seus soberanos! Frente a frente
O meu ultraje à profanação desse ambiente,
Onde a Sabedoria era hóspede de coragem
E a verdade alcançada não corria perigo,
Ele sobe ao trono com alarde, sórdido, estranho amigo!

Carecia jurar, então fiz um juramento:
Colinas que se movam, águas que se revolvam em ira,
O inverno que distorça os ramos dos galhos do tormento,
Mas teu amor jamais, tua mão da minha, ninguém tira.

Agora afunda com o sol, e daqui vejo afundar.
Adeus, luz afável, grande maravilha!
A ti, adeus também — um adeus curto, para não sonhar
Que fora sensato ao convidar a noite antes da escuridão
chegar.

NORTHERN APRIL

O mind, beset by music never for a moment quiet, —
The wind at the flue, the wind strumming the shutter;
The soft, antiphonal speech of the doubled brook, never for a
    moment quiet;
the rush of the rain against the glass, his voice in the eaves-
    gutter!

Where I shall I lay you to sleep, and the robins be quiet?
Lay you to sleep — and the frogs be silent in the marsh?
Crashes the sleet from the bough and the bough sighs upward,
    never for a moment quiet.
April is upon us, pitiless and young and harsh.

O April, full of blood, full of breath, have a pity upon us!
Pale, where the winter like a stone has been lifted away, we
    emerge like yellow grass.
Be for a moment quiet, buffet us not, have pity upon us,
Till the green come back into the vein, till de giddiness pass.

O NORTE EM ABRIL

Ó mente aturdida pela música, nunca em silêncio —
O vento na chaminé, ou dedilhando a persiana da saleta;
O fraseado antífona e suave do riacho de mão dupla, nunca
      em silêncio;
A correria da chuva na vidraça, a voz dele
      na sarjeta!

Onde te botar para dormir, pedir aos sabiás o silêncio?
Te botar para dormir — e silenciar os sapos no pantanal?
O granizo cai do galho e o galho suspira, aspira,
      nunca em silêncio.
Abril nos sobrevoa incompassível e moço, severo e descomunal.

Ó Abril sanguinolento, folegado, tem piedade de nós!
Pálidos — depois do inverno sob a pedra —
      ressurgimos grama amarelada.
Faz silêncio, paralisa os golpes, tem piedade de nós,
Espera que a seiva circule na veia, e a tontura seja debelada.

THE BUCK IN THE SNOW

White sky, over the hemlocks bowed with snow,
Saw you not at the beginning of evening the antlered buck and
    his doe
Standing in the apple-orchard? I saw them. I saw them suddenly
    go,
Tails up, with long leaps lovely and slow,
Over the stone-wall into the wood of hemlocks bowed with snow.

Now lies he here, his wild blood scalding the snow.

How strange a thing is death, bringing to his knees, bringing to
    his antlers
The buck in the snow.
How strange a thing, — a mile away by now, it may be,
Under the heavy hemlocks that as the moments pass
Shift their loads a little, letting fall a feather of snow—
Life, looking out attentive from the eyes of the doe.

O CERVO SOB A NEVE

Céu branco — a cicuta faz reverências à neve,
Não diga que não viu no começo da noite o cervo galhudo e
    sua cerva
No pomar de maçãs? Eu vi. E vi quando deram o pinote
    sem reserva,
Caudas eriçadas, um saltitar lento, lindo e leve
Pela mureta que dá no bosque de cicuta reverente à neve.

Aqui jaz o cervo, o sangue da selva escaldando a neve.

A morte é tão esquisita, ajoelha-se às patas, anuncia-se
    à galhada e arrasta
O cervo sob a neve.
É tão esquisito — agora, a mil braças daqui, talvez,
Sob o bosque de cicutas vergadas, a essa altura
Já sobrelevado, escapa uma pluma e observa:
É a Vida, olhando bem nos olhos da cerva.

THE ANGUISH

I would to God I were quenched and fed
As in my youth
From the flask of song, and the good bread
Of beauty richer than truth.

The anguish of the world is on my tongue.
My bowl is filled to the brim with it; there is more than I can eat.
Happy are the toothless old and toothless young,
That cannot rend this meat.

ANGÚSTIA

Quisera Deus que eu matasse o desejo
Saciado na Mocidade:
No cantil do canto, e no pão sobejo
Da beleza, mais farto que a verdade.

A angústia do mundo é minha saliva.
Meu caneco tá cheio até o talo; Pra mim já é demais.
Feliz o velho banguela e a criança que é só gengiva:
Dilacerar este pão, esta carne, jamais.

TO THOSE WITHOUT PITY

Cruel of heart, lay down my song.
Your reading eyes have done me wrong.
Not for you was the pen bitten,
And the mind wrung, and the song written.

A QÙEM NÃO TEM PIEDADE

Corações cruéis, abandonem meu canto.
Seus olhos de livro me puseram quebranto.
Não é por vocês que a caneta foi mordida,
O canto foi composto e a mente retorcida.

TO A YOUNG GIRL

Shall I despise you that your colourless tears
Made rainbows in your lashes, and you forgot to weep?
Would we were half so wise, that eke a grief out
By sitting in the dark, until we fall asleep.

I only fear lest, being nature sunny,
By and by you will weep no more at all,
And fall asleep in the light, having lost with the tears
The colour in the lashes that comes as the tears fall.

I would not have you darken your lids with weeping,
Beautiful eyes, but I would have you weep enough
To wet the fingers of the hand held over the eye-lids,
And stain a little the light frock's delicate stuff.

For there came into my mind, as I watched you winking the tears down,
Laughing faces, blown from the west and the east,
Faces lovely and proud that I have prized and cherished;
Nor were the loveliest among them those that had wept the least.

PARA UMA NOVINHA

Devo desprezar-te porque tuas lágrimas incolores
Abriram arco-íris em teus cílios e esqueceste de chorar?
Fôssemos tão sábias, nos afastaríamos da tristeza
Sozinhas no escuro, até o sono chegar.

Mas temo que, sendo de natureza radiante,
Pouco a pouco, em absoluto, esquives o choro,
E adormeças de dia, invalidando, no pranto ido,
A cor peculiar dos cílios com as lágrimas em coro.

Não é do meu gosto que empreteças teus olhos
Lindos, chorosos; mas que chorar seja apenas razão
Bastante para molhar teus dedos sobre as pálpebras,
E manchar o tecido delicado do teu vestido de verão.

Recordei-me agora, ao ver-te piscar os olhos para derrubar
      as lágrimas,
Das caras risonhas, de leste a oeste calcinadas,
Rostos cativantes, presunçosos, que prezei e amei;
Não eram mais belos os que choravam pouco ou nada.

EVENING ON LESBOS

Twice having seen your shingled heads adorable
Side by side, the onyx and the gold,
I know that I have had what I could not hold.

Twice have I entered the room, not knowing she was here.
Two agate eyes, two eyes of malachite,
Twice have been turned upon me, hard and bright.

Whereby I know my loss.
                        Oh, not restorable
Sweet incense, mounting in the windless night!

BOCA DA NOITE EM LESBOS

Duas vezes contemplei cada cocuruto adorável,
Lado a lado, cor de ônix, cor de ouro —
Tive, mas não guardei o tesouro.

Duas vezes entrei no quarto, insuspeita da presença dela.
Dois olhos de ágata, dois olhos de malaquita,
Duas vezes indagadores, brilho palustre d'azurita.

Ali entendi tudo que perdi.
                    Ah, nunca mais inflamável,
Incenso perfumado pela noite desventosa e aflita!

DIRGE WITHOUT MUSIC

I am not resigned to the shutting away of loving hearts in the
	[hard ground.
So it is, and so it will be, for so it has been, time out of mind:
Into the darkness they go, the wise and the lovely. Crowned
With lilies and with laurel they go; but I am not resigned.

Lovers and thinkers, into the earth with you.
Be one with the dull, the indiscriminate dust.
A fragment of what you felt, of what you knew,
A formula, a phrase remains,—but the best is lost.

The answers quick and keen, the honest look, the laughter,
	[the love,—
They are gone. They are gone to feed the roses. Elegant and curled
Is the blossom. Fragrant is the blossom. I know. But I do
	[not approve.
More precious was the light in your eyes than all the roses in
	[the world.

Down, down, down into the darkness of the grave
Gently they go, the beautiful, the tender, the kind;
Quietly they go, the intelligent, the witty, the brave.
I know. But I do not approve. And I am not resigned.

NÊNIA SEM MÚSICA

Eu não aceito que se guarde à terra funda os corações amados.
Assim é, assim será, assim tem sido desde o mais-que-perfeito.
Afundam na treva, os sábios e os adoráveis aterram. Coroados
De lírios, laureados afundam e aterram; mas eu não aceito.

Amantes e pensadores aterram.
Irmanam-se ao abafado, indiscriminado pó.
Parte do que sentiram, parte do que souberam,
Métodos, frases perseveram — vai-se o melhor.

Os argumentos sagazes e ávidos, o olhar distinto, o riso, o amor —
Aterram. Aterram para dar de comer às rosas. Elegante, profana
É a flor. Perfumada é a flor. Eu sei, eu sei. Mas não sou a favor.
Valiosa era a luz de teus olhos, vale menos a flor mundana.

Afundam, afundam, afundam na treva das sepulturas
Pouco a pouco aterram os belos, os ternos, os afeitos.
Mudos afundam, os geniais, os corajosos, os figuras.
Eu sei, eu sei. Mas eu não sou a favor. E não aceito.

COUNTING-OUT RHYME

Silver bark of beech, and sallow
Bark of yellow birch and yellow
    Twig of willow.

Stripe of green in moosewood maple,
Colour seen in leaf of apple,
    Bark of popple.

Wood of popple pale as moonbeam,
Wood of oak for yoke and barn-beam,
    Wood of hornbeam.

Silver bark of beech, and hollow
Stem of elder, tall and yellow
    Twig of willow.

CONTANDO RIMAS

Casca prata de faia, e pálida
Casca de cálida baia e cálida
   Rama de consólida.

Risca verdosa no bordo bordô,
Cor saudosa do fole da maçã,
   Casca de mimo.

Bosque de mimo meigo e linda-flor,
Viga de fagus para jugos no sol-pôr,
   Tronco de choupo biflor.

Casca prata de faia, e tímida
Vara de sabugueiro, fina e cálida
   Rama de consólida.

LETHE

Ah, drink again
This river that is the taker-away of pain,
And the giver-back of beauty!

In these cool waves
What can be lost? —
Only the sorry cost
Of the lovely thing, ah, never the thing itself!

The level flood that laves
The hot brow
And the stiff shoulder
Is at our temples now.

Gone is the fever,
But not in the river;
Melted the frozen pride,
But the tranquil tide
Runs never the warmer for this,
Never the colder.

Immerse the dream.
Drench the kiss.
Dip the song in the stream.

LETE

Mais um gole, por favor,
Deste rio curador,
Que restitui a beleza!

No gélido destas águas
O que pode ser perdido? —
Só o valor atribuído
À coisa bela, não à coisa em si!

Alturas que depuram as lavas
Da cabeça quente
E o ombro encarniçado
Ao jejum que se avente.

A febre escorre,
Não é ao rio que corre;
Derretido o orgulho,
Não se escuta o marulho
Mas nem por isso o marejo
Ou é quente ou é gelado.

Batiza-te no desvario.
Encharca o beijo.
Afunda a canção no rio.

Posfácio

A primeira tradução brasileira da obra da poeta e dramaturga americana Edna St. Vincent Millay (Rockland, Maine, 1892 — Austerlitz, Nova York, 1950), reunida nessa bela antologia organizada com competência pela poeta e tradutora Bruna Beber, representa sem dúvida um fato marcante na cena literária nacional, merecendo por isso ser comemorada.

Existem inúmeras razões que motivam meu entusiasmo diante dessa publicação. Primeiramente, há que se celebrar quando se apresenta pela primeira vez às leitoras e aos leitores do Brasil uma obra que, nos Estados Unidos do início do século xx, foi considerada extremamente original e relevante, fato que se confirmou pela atribuição do prêmio Pulitzer à autora, em 1923, quando ela tinha 31 anos (Millay foi a terceira mulher a receber essa distinção na história do prêmio). Apesar de um prêmio não ser necessariamente indicativo de obra que perdure no tempo, é inegável que nossa sociedade destaca esses reconhecimentos como alguns dos parâmetros mais importantes para julgar a relevância de determinada obra ou «carreira literária». Nesse sentido, não deixa de ser significativo o modus operandi desigual (em termos de gênero) que, até hoje, dá forma ao cânone. Isso é para ressaltar que a obra de Edna Millay permanece praticamente desconhecida entre nós, ainda mais se consideramos que no Brasil existe um diálogo bastante intenso com a literatura norteamericana e com sua tradição crítica. Por isso, comemoro e parabenizo a iniciativa da editora de reunir nesse livro uma seleção de poemas da primeira fase literária de Edna Millay, isto é, poemas que integram livros da autora publicados entre 1917 e 1928.

Outra razão do meu entusiasmo se encontra no resgate da trajetória biográfica e pública de Edna Millay, uma vez que ela desempenhou um papel central nas lutas feministas norteamericanas, se destacando desde muito jovem como uma mulher à frente do seu tempo, ciosa da própria autonomia e do próprio espaço, necessários para a criação. Nesse sentido, fundamental para que Edna Millay se tornasse a mulher admirada e venerada que foi, nos Estados Unidos dos anos 1920, foi a educação que recebeu da mãe, Cora Millay que, quando do nascimento da filha, no dia 22 de fevereiro de 1892, decide lhe atribuir também um nome masculino, St. Vincent, em homenagem ao hospital que salvara um tio de Cora de um acidente. O nome como um destino ou possibilidade de uma identidade plural, afinada com os tempos, que talvez preanuncie alguns dos passos mais progressistas que Edna dará ao longo da vida, como a assumida bissexualidade que causará fascínio e receio no meio literário da época.

Edna foi criada numa família só de mulheres: a mãe Cora — que expulsara o marido de casa, de quem se divorciou pouco depois, cansada das constantes traições e dos gastos de dinheiro — e as duas irmãs, Norma e Kathleen. Estamos no começo do século XX, e a atitude de Cora Millay revela a coragem e o inconformismo que permeavam o ambiente de sua casa. Após o divórcio da mãe, as quatro mulheres vivem um período de instabilidade econômica e de moradia, mudando de cidade em cidade, durante o qual o único elemento sempre presente é um baú cheio de livros que a mãe lia para as filhas. A poeta cresce então com esse modelo de mulheres independentes, entre os bosques no estado do Maine, cercada por livros, por estímulos artísticos e pela liberdade de se descobrir como mulher e ser humano.

Seus poemas iniciais, extraídos do livro *Renascimento e outros poemas* (1917) revelam essa voz livre, que escuta seus anseios e não teme olhar para além do horizonte das montanhas. Em particular, o longo poema «Renascimento» — um dos primeiros que ela escreveu, com o qual ganhou ainda adolescente um prêmio que lhe garantiu a publicação na prestigiosa antologia *Current Literature* —, ainda que atrelado aos modelos poéticos do Romantismo e Simbolismo, explicita a força do espírito livre que a anima, a capacidade da voz lírica de se projetar na imensidão metafísica que nenhuma montanha ou limite social pode ceifar: «E tudo que daí minha vista acata:/ Três montanhas altas e a mata.// Além delas, não se via nada;/ Resultava delas a visão limitada; / [...] Eu disse: é claro que o céu não tem fim;/ Milhas e milhas e milhas sobre mim;/ Então sobre o dorso ofereci-me ao léu/ E aterrei minha totalidade no céu./ Assim me vi e avistada, afinal,/ O céu não parecia tão abismal./ Eu disse: o céu que se aprume,/ Daqui — prevejo — vejo seu cume!».

Em outro poema da primeira coletânea, «Tarde na colina», destaca-se com clareza a força dionisíaca de suas palavras, que encenam, de estrofe em estrofe, a festa do corpo e do espírito, numa projeção entuasiasmada do sujeito lírico ciente de suas potencialidades e desejos: «Serei aquela mais festiva/Sob o sol!».

É evidente a força juvenil de seus versos, a vontade de ir além das «três montanhas», aqui metonímia do cerceamento social imposto pelos costumes cristãos e patriarcais, um prenúncio da luta feminista à qual aderiu nos anos seguintes.

Interessante aqui dizer que o livro *Renascimento* concorreu ao prêmio The Lyric Year, em 1912, e que, chegando em quarto lugar, causou escândalo o fato de ela não ter sido a preferida, a ponto de o poeta ganhador, Orrick Johns, declarar o resultado muito constrangedor, haja visto que, para ele, o melhor poema era sem dúvida o de Millay; já o segundo classificado ofereceu à poeta os 250 dólares ganhos com a classificação. Após a notoriedade que seu nome ganhou graças a esse alvoroço, uma rica patrona que ouviu Millay declamar seus poemas num recital ofereceu-se para custear-lhe os estudos no Vassar College de Nova York.

Diante disso, no final do ensino médio superior Edna Millay se transfere para Nova York para estudar e se instala no bairro boêmio Greenwich Village. São os anos de descoberta do amor e da poesia vivida com intensidade, os anos do florescimento do seu caráter inconformista que a leva a frequentar, numa espécie de encarnação sáfica moderna, homens e mulheres, em clara contraposição aos modelos puritanos americanos da época. São também os anos em que Millay conhece Inez Milholland, a célebre feminista que em 1913 dirigiu o cortejo das pacifistas num cavalo branco em Washington. Esse encontro determina sua participação ativa no movimento das sufragistas que lutam pelo direito ao voto, naquela que foi definida como a «primeira onda» do feminismo norteamericano. Millay dirá, sobre seus anos de estudante em Nova York, que foram anos «muito muito pobres, e muito muito felizes», e para se manter, Edna Millay chega a assinar com pseudônimo uma série de artigos em diferentes revistas.

Os anos de luta feminista e a amadurecida consciência de si e do que significa ser mulher na sociedade americana dos anos 1920 confluem na coletânea que abre a década, *Figos de espinhos*. A força do sujeito lírico e juvenil que queria viver tão intensamente, já visível no livro anterior, se agudiza na clara manifestação de um amor que se afasta dos padrões tradicionais que ditam normas de passividade e sacrifício para o universo feminino. A mulher que emerge desses versos é um ser humano protagonista e ciente das escolhas que faz, dona do livre arbítrio e de vontades próprias, que lança sobre o mundo um olhar avesso a interpretações resultantes do vitimismo ou de leituras moralistas, e que se mostra sempre na ambiguidade deslizante de uma identidade em permanente construção.

É um bom exemplo desse aspecto o primeiro poema da antologia, traduzido por Bruna Beber, «Figo fundamental»: «Minha vela queima dos dois lados;/ A noite inteira ela não dura;/ Mas ah, contendores, ah, meus chegados —/ A luz dela é uma pintura!». Esse «queimar dos dois lados» é uma imagem que ilustra como Millay devorava e era por sua vez devorada pelo fogo da vida, e nos leva, leitores da tradição lírica portuguesa, à belíssima imagem camoniana do amor que arde enquanto somos queimados por ele. O amor que é encenado por Edna Millay nesse livro é um amor livre, fiel somente ao sentimento do amor e à vida, fiel à autenticidade de um movimento vital de descoberta do outro e de si, que não poupa o lado amargo ou contraditório da existência. Esse aspecto mais maduro, mais consciente das diferentes consequências decorrentes das escolhas aparece, de fato, nos poemas da coletânea *Abril serial* (1921) em tons mais amargos, em imagens de feridas ou sombras da morte que sugerem a iminência da finitude das coisas, como lemos no poema «Passer mortuus est» : «Afinal, meu decorrido amor,/ Aquele que me assoberbou,/ Carece dizer que não era amor,/ Agora que o amor acabou?». A natureza e o universo pastoril entram como reminescência de uma vida bucólica, a vida que Millay teve durante a infância no Maine, que permite o aflorar do desejo da mulher (de ser, de amar, de se transformar em outra), embora esse desejo seja desafiado pela consciência da morte (real e metafísica). Os limites enfrentados na vida urbana e adulta ativam na voz poética o movimento de retorno às memórias e à saudade da liberdade do ser quando em contato com uma natureza primordial, edênica.

A esse respeito, vale ler o belíssimo poema «Exilada», no qual o eu lírico anseia se juntar novamente ao mar, elemento concreto da mitologia afetiva da Edna, mas também elemento que simboliza essa volta a uma condição de autenticidade e de liberdade anterior ao mergulho na vida adulta. Ao ler o referido poema e reparar na presença marcante do mar como lugar-berço da integridade, não há como evitar pensar na trajetória de outra poeta do continente americano, sua contemporânea, desta vez habitante da ponta mais ao sul. Estamos falando da argentina Alfonsina Storni, cujo desejo de que «a água seja meu par», como escreve Millay, a levou ao gesto radical e corajoso de reunificação com o mar, lembrado, anos depois, pela voz potente de Mercedes Sosa na canção «Alfonsina y el mar». Penso, também, na belíssima e angustiante carta escrita em francês em 1932 por essa grande poeta do século XX, a russa Marina Cvétaieva, *Mon frère féminin* [Meu irmão feminino], sobre as dificuldades e inquietações de um amor entre duas mulheres, e sobre a difícil condição de mulheres que querem para si outra forma de existência.

São sem dúvida sentimentos e perplexidades de muitas poetas desse período, que partilharam um desejo comum de viver mais autenticamente a própria natureza (feminina, mas não só) e de construir uma identidade nova, plural, mutante, sem a tradicional censura imposta pelo patriarcado. Os versos de Edna Millay revelam esse movimento de escavação no interior da alma feminina para destrinchar seus desejos e suas aspirações, tanto em termos existenciais quanto em termos sociais, sem esquecer da importância da afetividade e do erotismo, muitas vezes ainda silenciado na literatura (porque predominantemente de autoria masculina). Nesse sentido, sua obra dialoga subterraneamente com aquela de outras grandes poetas que nesse mesmo período partilham a teimosa luta para escreverem e serem lidas, ouvidas, respeitadas — luta que exige delas uma enorme capacidade de resistência diante dos muros da sociedade patriarcal e que muitas vezes não conseguem suportar, sucumbindo.

Este não será o caso da Edna Millay, que com a publicação dos dois primeiros livros conhece uma fama crescente no meio literário e entre os artistas do Greenwich Village, assim como fora dos horizontes americanos. Em 1921, ela viaja a Paris, onde trava amizade com a escultora Thelma Wood e frequenta Constantin Brancuso e Man Ray. Logo após essa viagem, em 1922, publica *A balada da tecelã das harpas*, livro que a consagra de fato como uma das vozes mais amadas entre seus pares e que recebe o prêmio Pulitzer.

Fortemente ancorada na tradição lírica e compondo alguns «entre os melhores sonetos dos anos 1920» como definidos pelos críticos, sua poesia tem uma acolhida muito grande entre os leitores. Em termos pessoais, Millay vive acontecimentos decisivos, como o casamento com Eugen Jan Boissevain, um rico comerciante holandês, viúvo da ativista Inez Milholland. Edna e Eugen viverão 26 anos juntos, num casamento caracaterizado por uma relação apaixonada e «livre», anticonformista, numa casa que se tornou conhecida com o nome de *Steepletop*. O marido, feminista declarado, apoiou explicitamente a carreira de Edna Millay, cuidando dos afazeres domésticos até sua morte, em 1949, seguida um ano depois pela morte de Edna, em 19 de outubro de 1950.

Durante os anos de casamento, no interior das quatro paredes de casa, Edna consegue se dedicar integralmente à escrita, e levar uma vida que encarnava aquilo que em seus versos ela preconizava para si, para as mulheres. Esse aspecto biográfico me parece muito relevante porque joga luz sobre a força que seus versos líricos contêm, inclusive os juvenis, em vislumbrar um caminho, em apontar um sentido para a realização ativa do sujeito, do eu, para o dinamismo de quem está à procura, contra toda forma de imobilidade, seja ela do indivíduo ou de uma sociedade refém de valores cristalizados e castradores. De alguma forma, através de um casamento nada convencional, ela conquistou (porque foi uma conquista, não um fruto do acaso) a liberdade que tanto procurava, e realizou aquilo que Virginia Woolf declarava ser essencial para a vida intelectual das mulheres: ter um teto todo seu.

Numa resposta a uma jornalista que a interrogava sobre como era a vida em Austerlitz, Edna Millay respondeu: «É ele, Eugen, quem se ocupa dos afarzeres domésticos. Ele contrata trabalhadores, os leva em casa, explica tudo [...] É esse empenho com relação a minha casa que me protege das coisas que devoram o tempo e o interesse de uma mulher. Eugen e eu vivemos como dois solteiros. Ele, que sabe se livrar das coisas domésticas com mais facilidade do que eu, se encarrega dessa parte da nossa existência, e eu tenho que fazer meu trabalho, que é escrever poesia».

Edna Millay escreve e publica poesia e peças de tratro até quase o final da sua vida, e em 1943 se torna a segunda mulher americana a receber a medalha Robert Frost como reconhecimento pela sua contribuição como poeta à tradição da poesia nacional.

Essa antologia bilíngue apresenta poemas selecionados dos primeiros livros que a consagraram como uma das vozes mais importantes da poesia americana da primeira metade do século XX, e esperamos que seja um convite para que os livros posteriores, dos anos 1930 e 1940, possam vir em breve traduzidos e antologiados para o público brasileiro.

Ler a obra de Edna St. Vincent Millay é uma experiência intensa e necessária para não esquecer que é preciso coragem para se escutar, lutar e perseguir a realização plena daquilo que somos, aderindo a uma fidelidade íntima que desafia convenções, valores e imposições sociais. Literariamente, é um testemunho vivo da força de uma poeta que soube deixar dialogar primorosamente em seus versos temas e formas caros à tradição lírica feminina (a casa, o amor, o encontro com a natureza), com um entusiasmo vigoroso, perturbador, diante da vida e do poder da palavra, capaz de nos desdobrar para além dos limites da vida terrena.

Prisca Agustoni
Março de 2022

Bibliografia

AMERICAN Poetry, 1922: A Miscellany. Nova York: Harcourt, Brace and Company, 1922. Disponível em: <https://www.gutenberg.org/ebooks/25880>. Acesso em: 27 abr. 2022.

EPSTEIN, Daniel Mark. *What Lips My Lips Have Kissed: The Loves and Love Poems of Edna St. Vincent Millay*. Nova York: Henry Holt and Co., 2001.

MILLAY, Edna St. Vincent. *Renascence, and Other Poems*. Nova York: Harper & Brothers, 1917. Disponível em: <https://www.gutenberg.org/ebooks/109>. Acesso em: 27 abr. 2022.

_____. *A Few Figs from Thistles*. Nova York: F. Shay, 1920. Disponível em: <https://www.gutenberg.org/ebooks/4399>. Acesso em: 27 abr. 2022.

_____. *Second April*. Nova York: Harper & Brothers, 1921. Disponível em: <https://www.gutenberg.org/ebooks/1247>. Acesso em: 27 abr. 2022.

_____. *Poems*. Londres: Martin Secker, 1923.

_____. *The harp-weaver, and other poems*. Nova York: Harper & Brothers, 1923. Disponível em: <https://www.gutenberg.org/ebooks/59474>. Acesso em: 27 abr. 2022.

_____. *Letters of Edna St. Vincent Millay*. Org. Allan Ross Macdougall. Westport: Greenwood Press, 1972.

_____. *Selected poems / Edna St. Vincent Millay*. Org. J.D. McClatchy. Nova York: Library of America, 2003 (American Poets Project, n. 1).

_____. *Collected Poems – Edna St. Vincent Millay*. Org. Norma Millay. Nova York: Harper Collins, 2011.

_____. *Poesie*. Org. Silvio Raffo. Milão: Crocetti, 2020.

_____. *The Selected Poetry of Edna St. Vincent Millay*. Org. Nancy Milford. Nova York: Modern Library, 2020.

_____. *Rapture and Melancholy: The Diaries of Edna St. Vincent Millay*. Org. Daniel Mark Epstein. New Haven: Yale University Press, 2022.

Índice

Renascimento e outros poemas
Renascence, and Other Poems
1917

Renascence	16
Renascimento	17
The Suicide	32
O suicídio	33
God's World	44
Reino dos céus	45
Afternoon on a Hill	46
Tarde na colina	47
Sorrow	48
Tristeza	49
Tavern	50
Taberna	51

The Little Ghost	52
A fantasminha	53
Three Songs of Shattering	56
Três canções de ruína	57
Indifference	60
Indiferença	61
Witch-Wife	62
Esposa-estriga	63
When the Year Grows Old	64
O curso dos anos	65

Figos e espinhos: poemas e quatro sonetos
A Few Figs From Thistles: Poems and Four Sonnets
1920

First Fig	70
Figo fundamental	71
Second Fig	72
Figo serial	73
Recuerdo	74
Recuerdo	75
Thursday	76
Quinta-feira	77
The Singing-Woman from the Wood's Edge	78
A poeta do rebordo das matas	79

She Is Overheard Singing	82
Ela canta ao acaso	83
The Unexplorer	86
A estagnada	87
The Penitent	88
A penitente	89
Daphne	90
Dafne	91
To Kathleen	92
Para Kathleen	93
The Philosopher	94
O filósofo	95

Abril serial
Second April
1921

Spring	98
Primavera	99
City Trees	100
Árvores urbanas	101
Journey	102
Viagem	103
Eel-Grass	106
Alga marinha	107

Elegy Before Death	108
Elegia antes da morte	109
Weeds	110
Ervas daninhas	111
Passer mortuus est	112
Passer mortuus est	112
Pastoral	114
Pastoril	115
Assault	116
Sobressalto	117
Low-tide	118
Baixa-mar	119
Song of a Second April	120
Canto de um abril serial	121
Rosemary	122
Rosmaninho	123
Wraith	124
Assombração	125
Ebb	128
Baixa	129
Elaine	130
Elaine	131
Burial	132
Sepultamento	133

Mariposa	134
Mariposa	135
The Little Hill	136
O monte	137
Lament	138
Luto	139
Exiled	140
Exilada	141
Memorial to D.C. (Vassar College, 1918)	144
Memorial a D.C. (Vassar College, 1918)	145
I *Epitaph*	146
I Epitáfio	147
II *Prayer to Persephone*	148
II Oração a Perséfone	149
III *Chorus*	150
III Refrão	151
IV *Dirge*	152
IV Nênia	153
V *Elegy*	154
V Elegia	155

A balada da tecelã das harpas

The Ballad of the Harp-Weaver
1922
The Harp-Weaver, and Other Poems
1923

My Heart, Being Hungry	160
Meu coração, faminto	161
Three Songs from «The Lamp and the Bell»	162
Três cantos de «O sino e a lamparina»	163
Feast	166
Banquete	167
Departure	168
Partida	169
A Visit to the Asylum	172
Uma visita ao manicômio	173
The Curse	176
Maldição	177
The Pond	180
O lago	181
The Ballad of the Harp-Weaver	182
A balada da tecelã das harpas	183
To One Who Might Have Borne a Message	194
A quem leva um recado no embornal	195

Sonetos de A balada da tecelã das harpas
The Ballad of the Harp-Weaver
1923

XXIV	When you, that at this moment	198
XXIV	Quando tu, que agora és	199
XXV	That Love at Length Should Find	200
XXV	É certo que o amor há de vir	201
XXVI	Love is not Blind	202
XXVI	O amor não é cego	203
XXVII	I Know I am but Summer	204
XXVII	Sei que sou veranico	205
XXXI	Oh, Oh, You Will Be Sorry for that Word!	206
XXXI	Ah, mas tu vais engolir essa palavra!	207
XXXVIII	The Light Comes Back	208
XXXVIII	A erva-pombinha traz	209
XLI	I, Being Born a Woman and Distressed	210
XLI	Eu, por ter nascido mulher	211
XLII	What Lips My Lips Have Kissed	212
XLII	Que bocas minha boca beijou	213
XLIII	Still Will I Harvest Beauty	214
XLIII	Colherei a beleza	215
XLV	Euclid Alone has Looked on Beauty Bare	216
XLV	Só Euclides atinou a Beleza	217

Sonetos de «A árvore sem enxerto»,
A balada da tecelã das harpas, v
«Ungrafted Tree», The Ballad of the Harp-Weaver, v
1922

III	She Filled Her Arms with Wood	220
III	Ela catou uma braçada de gravetos	215
VII	One Way There Was	222
VII	Justo seria acalmar	223
X	She Had Forgotten	224
X	Já se esquecera	225

O cervo sob a neve
The Buck in the Snow
1928

Song	228
Canção	229
To a Friend Estranged from Me	230
A um amigo afastado de mim	231
Northern April	232
O Norte em abril	233
The Buck in the Snow	234
O cervo sob a neve	235
The Anguish	236
Angústia	237

To Those Without Pity	238
A quem não tem piedade	239
To a Young Girl	240
Para uma novinha	241
Evening on Lesbos	242
Boca da noite em Lesbos	243
Dirge Without Music	244
Nênia sem música	245
Counting-out Rhyme	246
Contando rimas	247
Lethe	248
Lete	249

Dados Internacionais de Catalogação na Publicação (CIP)
(Câmara Brasileira do Livro, SP, Brasil)
Millay, Edna St. Vincent
Poemas, solilóquios e sonetos / Edna St. Vincent Millay ;
organização Bruna Beber. — 1. ed. —
Belo Horizonte, MG : Editora Âyiné, 2022.
ISBN 978-65-5998-041-3
1. Poesia brasileira 2. Sonetos brasileiros
I. Beber, Bruna. II. Título.
22-108580   CDD-B869.1 -B869.91
Índices para catálogo sistemático:
1. Poesia : Literatura brasileira B869.1
2. Sonetos : Literatura brasileira B869.91
Aline Graziele Benitez - Bibliotecária - CRB-1/3129

DAS ANDERE

1. Kurt Wolff *Memórias de um editor*
2. Tomas Tranströmer *Mares do Leste*
3. Alberto Manguel *Com Borges*
4. Jerzy Ficowski *A leitura das cinzas*
5. Paul Valéry *Lições de poética*
6. Joseph Czapski *Proust contra a degradação*
7. Joseph Brodsky *A musa em exílio*
8. Abbas Kiarostami *Nuvens de algodão*
9. Zbigniew Herbert *Um bárbaro no jardim*
10. Wisława Szymborska *Riminhas para crianças grandes*
11. Teresa Cremisi *A Triunfante*
12. Ocean Vuong *Céu noturno crivado de balas*
13. Multatuli *Max Havelaar*
14. Etty Hillesum *Uma vida interrompida*
15. W. L. Tochman *Hoje vamos desenhar a morte*
16. Morten R. Strøksnes *O Livro do Mar*
17. Joseph Brodsky *Poemas de Natal*
18. Anna Bikont e Joanna Szczęsna *Quinquilharias e recordações*
19. Roberto Calasso *A marca do editor*
20. Didier Eribon *Retorno a Reims*
21. Goliarda Sapienza *Ancestral*
22. Rossana Campo *Onde você vai encontrar um outro pai como o meu*
23. Ilaria Gaspari *Lições de felicidade*
24. Elisa Shua Dusapin *Inverno em Sokcho*
25. Erika Fatland *Sovietistão*
26. Danilo Kiš *Homo Poeticus*
27. Yasmina Reza *O deus da carnificina*
28. Davide Enia *Notas para um naufrágio*
29. David Foster Wallace *Um antídoto contra a solidão*
30. Ginevra Lamberti *Por que começo do fim*
31. Géraldine Schwarz *Os amnésicos*
32. Massimo Recalcati *O complexo de Telêmaco*
33. Wisława Szymborska *Correio literário*
34. Francesca Mannocchi *Cada um carregue sua culpa*
35. Emanuele Trevi *Duas vidas*
36. Kim Thúy *Ru*
37. Max Lobe *A Trindade Bantu*
38. W. H. Auden *Aulas sobre Shakespeare*
39. Aixa de la Cruz *Mudar de ideia*
40. Natalia Ginzburg *Não me pergunte jamais*
41. Jonas Hassen Khemiri *A cláusula do pai*
42. **Edna St. VINCENT Millay *Poemas, solilóquios e sonetos***

Composto em Lyon Text e GT Walsheim
Impresso pela gráfica Rede
Belo Horizonte, 2022